Werner Milstein, geboren 1955, Studium der Theologie und Philosophie in Münster und Göttingen, er war Gemeindepfarrer in Ostwestfalen, danach am Verlagswesen in Hamburg tätig. Zurzeit ist er Religionslehrer im Berufskolleg in Olsberg/Sauerland.

Werner Milstein

Einen Platz in der Welt haben

Dietrich Bonhoeffer entdecken

Meiner Schwester und ihrer Familie

Inhalt

Bonhoeffers Zelle im Gefängnis von Berlin-Tegel. Anfangs bekam er eine Zelle im dritten Stock zugewiesen, danach wurde er in der Einzelzelle 92 im Erdgeschoss untergebracht.

Von der Fensterluke fiel Licht in die Zelle, helles, strahlendes Licht. Es schien ihm direkt ins Gesicht, seine Augen blinzelten ein wenig im Sonnenschein. Dietrich Bonhoeffer lag ausgestreckt auf der Pritsche und schaute sich um. Zwei mal drei Meter, das war sein ganzes Reich. Wie oft war er diesen Raum abgeschritten, besonders in der ersten Zeit, als er nicht nach draußen in den Gefängnishof durfte? Wie hatte er sich geekelt vor der vergammelten Decke, die man ihm gegeben hatte. Er konnte sich damit nicht zudecken, da fror er lieber. Das Brot hatten sie ihm einfach auf den schmutzigen Zellenboden geworfen. Er musste sich zwingen, davon zu essen.

In den Gängen hallten die Schritte der Wächter und durch die Wände hörte er das Schluchzen und Rufen der anderen Gefangenen. Wie sollte er hier bestehen, wie konnte er in dieser Zelle überleben? Immer wieder überfiel ihn dieses namenlose Grauen, besonders in der Nacht lag es schwer auf ihm. »Selbstmord, nicht aus Selbstbewußtsein, sondern weil ich im Grunde schon tot bin, Schlußstrich, Fazit«, das hatte er da gedacht und auf einen kleinen Zettel gekritzelt.

Sie hatten ihm nichts gelassen, nicht einmal seine kleine Taschenbibel. Alles hatten sie ihm genommen. Wie dankbar war er für jedes noch so kleine Stück Papier. Als sein Vater ihm ein Lebensmittelpaket in die Zelle schickte, musste dieser auf einem dem Paket beigelegten Zettel den Inhalt auflisten. Auf diesem

Zettel war noch Platz zwischen den Zeilen, genug für einige Stichworte. Dietrich Bonhoeffer brauchte Halt für seine Gedanken, er notierte: »Trennung von

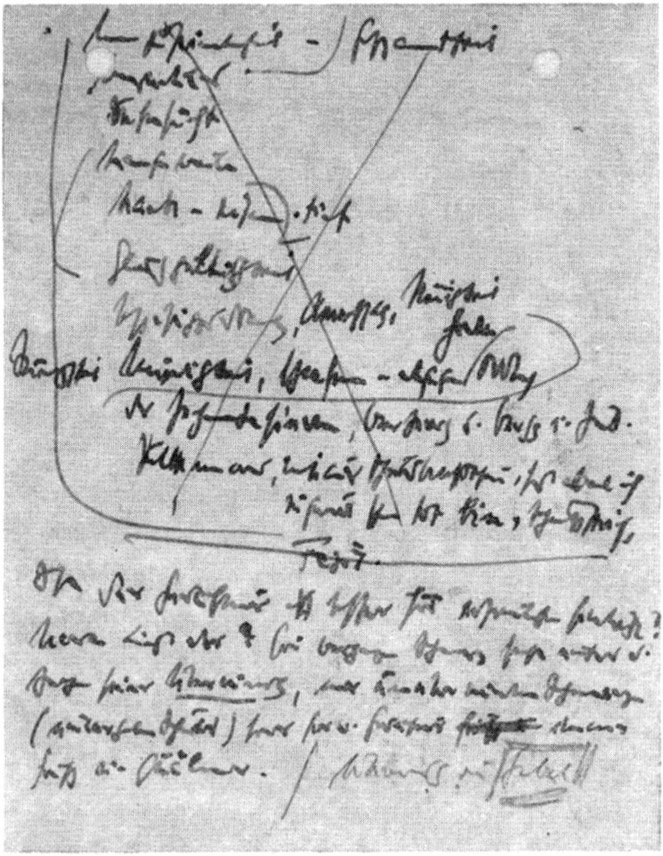

Der »Blockzettel«, auf dem der Vater am 8. Mai 1943 den Inhalt des Lebensmittelpaketes für seinen Sohn angeben musste.

Menschen, von der Arbeit, von der Vergangenheit, von der Zukunft, von der Ehre, von Gott ... Zeitvertreiben – totschlagen, für den, der überwunden hat Humor, Rauchen und die Leere der Zeit.«

Schnell war das Blatt gefüllt, er dreht es um und beschreibt auch noch die letzten freien Stellen. Und wieder sind es nur Stichworte, lose aneinandergereiht, ein paar Gedankenstützen nur. »Erkenntnis der Vergangenheit – Erfüllung, Dank. Reue. Zeitgefühl – nicht nur das Erkannte sei gegenwärtig?« Er tastete sich vorwärts, hielt inne, sah zur Tür. In hundert Jahren ist alles vorbei, hatte dort jemand vor ihm geschrieben. »Vergangenheit: warum: in 100 Jahren ist alles vorbei und nicht: bis vor kurzem war alles gut? kein Besitz ... keine Aufgabe ... Vergangenes = Zukünftiges, zeitlos ...«

Er war sich unsicher, er suchte, seine Hand streckte sich weit aus, seine Gedanken durchwanderten die Zeit. Würde er Halt in der Vergangenheit finden? Er musste das Vergangene befragen, wenn er wissen wollte, wer er war. Er musste wissen, wo er herkam, wenn er in die Zukunft gehen wollte. Mit einem Mal schien er Zeit zu haben, ein für ihn völlig fremdes Gefühl. Aber was ist Zeit? Was ist Leben in der Zeit? Wie viel Zeit bleibt ihm noch, was bedeutet ihm die vergangene Zeit und wie kommt beides zusammen?

1. Kapitel

»Ein Fundament haben« – Die Kindheit

Die Wärter wussten anfangs nichts mit diesem seltsamen Gefangenen anzufangen, der da am 5. April 1943 in das Tegeler Militärgefängnis eingeliefert worden war. Ein evangelischer Pastor, der mit Widerstandskämpfern in Verbindung stehen soll? Sie werden sich mit der Zeit aneinander gewöhnen und sie werden voneinander lernen. Für Bonhoeffer war es ein Leben in verschiedenen Zeitebenen. Er erinnerte sich seiner Vergangenheit, er lebte in der Gegenwart und nahm Anteil am Leben der Mitgefangenen wie der Wärter. Er dachte an seine Familie, seine Freunde und seine Verlobte. Er richtete seine Gedanken auf die Zukunft. An Selbstmord dachte er nicht mehr.

Er wurde sich, wieder einmal, seiner bürgerlichen Herkunft bewusst. Sein Blick ging zum Wandbrett. Bücher lagen da, Briefe und dicht beschriebene Zettel. Längst war er versorgt worden mit Literatur, mit Papier, mit allem, was er zum Arbeiten brauchte. Die Eltern schickten ihm Bücher zu, die Gefängnisbibliothek stand ihm offen und manche Schrift besorgten ihm auch die Wärter.

Als Jugendlicher hatte er einmal zu dichten begonnen, nun versuchte er es wieder. Er machte sich an den Entwurf für ein Drama. Es handelt von dem

Bürgersohn Christoph. Zu ihm sagt der Arbeiter Heinrich: »Ihr habt ein Fundament, ihr habt Boden unter den Füßen, ihr habt einen Platz in der Welt ... Für euch kommt es nur auf das Eine an, die Füße auf dem Boden zu behalten.« In Christoph sieht Bonhoeffer sich selbst. Er wusste, auf welchem Fundament er steht, und er kannte auch seinen Platz in der Welt.

In diesem herrschaftlichen Haus in Breslau, Birkenwäldchen 7, werden am 4. Februar 1906 die Zwillinge Dietrich und Sabine geboren. Als sechstes und siebtes Kind wachsen sie unter acht Geschwistern auf.

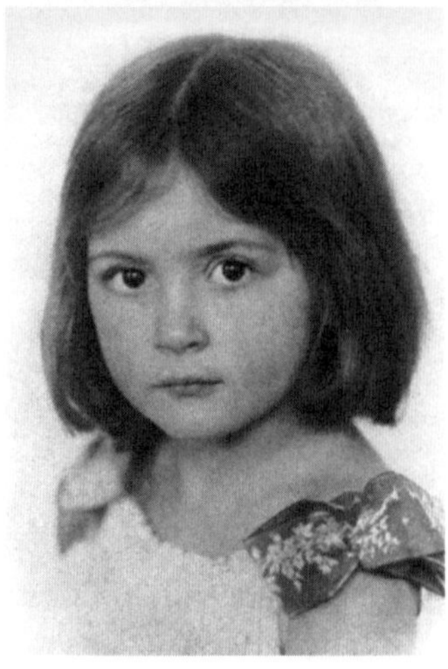

Neben Sabine und Dietrich (von links) haben sich Christine (1903), Ursula (1902), Klaus (1901), Walter (1899) und Karl-Friedrich (1899) aufgestellt. Auf dem Bild fehlt das jüngste Kind, Susanne (rechts). Sie kam 1909 zur Welt.

1906-1912 Geburt und Kindheit in Breslau

Das Haus seiner Eltern stand Bonhoeffer vor Augen, als er in der Zelle im Tegeler Militärgefängnis seine literarischen Entwürfe begann, ein Drama, das er bald aufgab, und einen Roman über eine bürgerliche Familie, der ebenfalls unvollendet bleiben musste.

In Breslau hatten die Bonhoeffers das Glück, »ein hübsches, im großen Garten gelegenes Haus am Birkenwäldchen in der Nähe der Kliniken zu mieten, das den Kindern reiche Bewegungsfreiheit gab. Der Garten mit seinen alten Bäumen war ungepflegt. Ein alter asphaltierter Tennisplatz wurde im Winter begossen für die ersten Schlittschuhlaufversuche der beiden Ältesten ...« So beschrieb der Vater die wohl behütete Welt, in die Dietrich 1906 mit seiner Zwillingsschwester Sabine hineingeboren wurde. An den Kliniken war er Professor für Psychiatrie und Neurologie. Ein nüchtern-sachlich denkender Mensch, der sich an die Erkenntnisse der Naturwissenschaften hielt. Darum stand er auch der Psychoanalyse seines Wiener Kollegen Sigmund Freud sehr skeptisch gegenüber. Karl Bonhoeffer war ein Mann von großer Autorität, er sprach leise und wenig, aber was er sagte, war eindeutig und gewichtig. Er hasste ausschweifendes Gerede und war stets beherrscht. Gleiches verlangte er auch von seinen Kindern. Er war pünktlich, korrekt und verlässlich. Durch sein Vorbild hatte er seine Kinder geprägt. Er war sich seiner bürgerlichen

Herkunft bewusst und auch der Tatsache, dass dem Bürgertum für die Zukunft die entscheidende Rolle zugefallen war.

Ein wenig lächelte man in der Familie über die adlige Herkunft der Mutter. Paula Bonhoeffer war eine geborene von Hase, ihr Vater hatte das Amt des Hofpredigers bei Kaiser Wilhelm II. inne. Als dieser das Volk verächtlich als eine »Canaille« bezeichnete,

 Die Eltern Paula und Karl Bonhoeffer

protestierte er und verließ infolge des Streites Berlin und ging als Theologieprofessor nach Breslau. Ihre Mutter, eine Gräfin Kalckreuth, war sehr musikalisch gewesen und hatte bei Franz Liszt und Clara Schumann Klavierunterricht gehabt. Paula Bonhoeffer ergänzte ihren Mann. Sie war temperamentvoll, kontaktfreudig und ebenso optimistisch wie energisch. Sie hatte es in ihrer Familie durchgesetzt, dass sie ein Lehrerinnen-Examen machen durfte. Ihr Ziel war es, ihre Kinder zu verantwortlichen Menschen zu erziehen. Das sah sie auch als ihre christliche Aufgabe. In allem Handeln sollten ihre Kinder stets auch die Bedürfnisse der anderen berücksichtigen.

Die Eltern schickten ihre Kinder nicht zum Kindergottesdienst, vielmehr übernahm die Mutter selbst den Religionsunterricht. Wert wurde auch auf eine musikalische Erziehung gelegt. Dietrich war ein so begabter Klavierspieler, dass die Eltern sogar überlegten, ob er nicht zum Pianisten ausgebildet werden sollte. Seine drei älteren Brüder waren wie der Vater naturwissenschaftlich ausgerichtet. Karl-Friedrich wird später ein berühmter Physiker werden, Klaus, wohl der begabteste unter den Kindern, sollte Mediziner werden, wurde jedoch Jurist, Walter durchstreifte den Wald und beobachtete die Tiere. Dietrich glich mehr seiner Mutter, er verstand sich gut mit seinen Schwestern. Ursula wurde Sozialpädagogin und Christine Biologin, Sabine ließ sich im Modellieren ausbilden, während Susanne sich mit religiösen Fragen beschäftigte und in der Kirche aktiv wurde. Alle Kinder waren intelligent und begabt, sie wussten, dass ihnen in der künftigen Gesellschaft eine verantwortliche Rolle zufiel. Sie kannten ihren Platz in der Welt.

1912 Umzug nach Berlin

Als der Vater die Stelle eines Direktors an der Universitätsklinik der Charité in Berlin übernahm, hatte er den führenden Lehrstuhl für Psychiatrie und Neurologie in Deutschland inne. Anfangs wohnte die Familie in der Nähe des Tiergartens und von 1916 an in dem Haus Wangenheimstraße 14 im Stadtteil Grunewald. Hier war ein regelrechtes Professorenviertel entstanden, rundherum lebten große Gelehrte mit ihren Familien. Die Eltern pflegten das gesellschaftliche Leben und so nahmen auch die Kinder regen Anteil an der akademischen Welt Berlins. Ihr Weg schien vorgezeichnet.

Es gab Leseabende im Haus und der Vater las aus den Werken von Fritz Reuter und Theodor Fontane. An jedem Samstagabend wurde im Haus musiziert, dabei zeigte sich Dietrich als ein sehr einfühlsamer Begleiter am Klavier, der immer bemüht war, die Fehler anderer zuzudecken. Er liebte das Theaterspielen und dichtete auch einmal das Märchen »Das kalte Herz« von Wilhelm Hauff zu einem Stück um, so dass die Kinder es spielen konnten.

Auf Kinder- und Jugendbildern sind Dietrichs Gesichtszüge weich, fast mädchenhaft. Er konnte aber auch raufen, prügelte sich mit seinen Brüdern und wünschte sich zu Weihnachten eine Pistole mit Pfropfen und Soldaten. Er baute Höhlen und spielte Völkerball, überhaupt war er sehr sportlich. Bereits mit siebeneinhalb Jahren geht er zum Gymnasium. Als er acht Jahre alt wird, beginnt der Erste Weltkrieg und die »gute alte Zeit« zerbricht.

Wohn- und Musikzimmer

1914 Der Erste Weltkrieg

»Hurra, es gibt Krieg!«, stürzte die Schwester Ursula ins Haus und erhielt dafür prompt eine Ohrfeige. Der Hurra-Patriotismus lag der Familie Bonhoeffer nicht, man sah ernst in die Zukunft. Der Krieg schien unabwendbar, also war er nun die »patriotische Pflicht« aller Deutschen. Das Volk rückte zusammen.

»Ich kenne keine Parteien mehr, ich kenne nur noch Deutsche!«, rief der Kaiser und schickte seine Deutschen an die Front. Nach anfänglichen Erfolgen blieben die Truppen in einem nicht enden wollenden Stellungskrieg stecken. Tag um Tag kostete er Menschenleben, auch zwei Cousins der Geschwister Bonhoeffer fielen im Ersten Weltkrieg.

Ihr Tod beschäftigte Dietrich. Zusammen mit seiner Zwillingsschwester versuchte er, sich das Totsein vorzustellen. Später wird er über sich schreiben: »Er wäre gern und früh gestorben, einen schönen frommen Tod. Sie sollten es alle sehen und wissen, daß das Sterben nicht hart, sondern herrlich ist für den, der an Gott glaubt.« Stärker als die anderen Geschwister beschäftigte sich Dietrich mit religiösen Themen. Die Mutter vermittelte den Kindern viele Kirchenlieder, weiteres Liedgut brachte ihnen Maria Horn, die Erzieherin, bei. Sie stammte aus einer Gemeinde der Herrnhuter Brüdergemeine.

Mit seinen Schwestern verabredete er ein Zeichen. Wenn er an die Wand zu ihrem Zimmer donnerte,

Dietrich und seine Zwillingsschwester Sabine 1914

sollten sie an Gott denken. Zu dieser Zeit las er begeistert ein Buch über »Helden des Alltags«, das von Menschen handelte, die andern das Leben retteten.

1917 meldete sich der Bruder Walter als Fahnenjunker in den Krieg, auch Karl-Friedrich wurde eingezogen. Als Walter verabschiedet wurde, hatte Dietrich für ihn das Lied »Nun zu guter Letzt geben wir dir jetzt auf der Wanderung das Geleite« einstudiert und die Mutter rief ihm zu: »Uns trennt ja nur der Raum!«. Am 23. April 1918 wurde Walter schwer ver-

Walter Bonhoeffer, 18-jährig. Als Dietrich konfirmiert wurde, erhielt er die Bibel seines im Krieg gefallenen Bruders. Sie wird ihn sein Leben lang begleiten.

wundet, fünf Tage später starb er achtzehnjährig. Die Mutter brach vor Schmerz zusammen, der Vater verstummte. Bis dahin hatte er jedes Jahr zu Silvester in das Familienbuch die wichtigsten Ereignisse des Jahres eingetragen. Nun nahm er es zehn Jahre lang nicht mehr in die Hand. Vielleicht waren es diese Erlebnisse, die in Dietrich den Wunsch reifen ließen, Theologie zu studieren. Er beteiligte sich interessiert am Konfirmandenunterricht, er besuchte den Gottesdienst, wobei ihn seine Mutter oft begleitete.

Der verlorene Krieg erschütterte Deutschland und nicht vergessen war auch, dass die führenden Kirchenvertreter ihn befürwortet hatten. Nun lag das Deutsche Reich in Scherben, der Kaiser hatte abgedankt, politische Unruhen erschütterten das Land. In Weimar wurde eine Republik gegründet, die in der Bevölkerung auf wenig Gegenliebe stieß. Die älteren Geschwister Dietrichs erkennen ihre Verantwortung, sie werden die neue demokratische Ordnung stützen. Dietrich selbst ist von allen der Konservativste. Aber öfter als vorher diskutierte er mit seinen Brüdern und sie nahmen ihn nun auch als Gesprächspartner ernst.

Als am 24. Juni 1922 Schüsse in den Unterrichtsraum des Grunewald Gymnasiums hallen, schrecken alle auf. Der Außenminister Walther Rathenau wurde von rechtsradikalen Freischärlern ermordet. Dietrich ist entrüstet und fragt entsetzt, »wo es denn mit Deutschland hinkommen solle, wenn man seine besten Führer ermorde«?

Dietrich Bonhoeffer um 1921

Als der Abiturient nach seinem Berufswunsch gefragt wurde, sagte er leise: Theologie. In dem Moment spürte er, dass etwas Außerordentliches geschehen war. »Jetzt hatte er es ihnen allen gesagt, jetzt mußten sich in ihm innerlich die Rätsel seines Lebens lösen.« Aus der Sicht des Vaters vergeudete Dietrich mit einem Theologiestudium sein Talent, ihm erschien die Kirche als ein kleinkarierter und antiquierter Verein. »Dann werde ich eben die Kirche reformieren!«, bekam er zur Antwort. Dietrich machte sich auf den Weg, auf seinen Weg.

2. Kapitel

Kirche ist konkret

1923 begann Dietrich Bonhoeffer sein Studium in Tübingen. Dort hatte auch sein Vater studiert und er wurde wie er Mitglied in der Studentenverbindung »Igel«. Ihm gefielen die Leute eigentlich »ganz gut«, wie er später anmerkte, und sie selbst fanden ebenfalls Gefallen an ihm, an seinem gewandten und sicheren Auftreten, an seiner Weltoffenheit und seiner Bereitschaft zu Neckereien. In Tübingen stürzte er sich in das akademische Leben.

Ein Unfall beim Eislaufen brachte eine Unterbrechung, seine Eltern schenkten ihm daraufhin einen Studienaufenthalt in Rom zum achtzehnten Geburtstag. Er besuchte die Seminare und die Gottesdienste. Am Palmsonntag ging er zur Messe in den Petersdom, Geistliche aus allen Ländern zogen gemeinsam in das Gotteshaus ein. »Am Altar standen außer dem Kardinal noch viele hohe Geistliche, Seminaristen, Mönche. Fabelhaft wirkt die Universalität der Kirche, Weiße, Schwarze, Gelbe, alle in geistlichen Trachten vereint unter der Kirche, scheint doch sehr ideal.« Dieser Eindruck verstärkte sich am Nachmittag noch einmal, als er an der Messe in Trinità dei Monti teilnahm. Am Abend notierte er in sein Tagebuch: »Der Tag war herrlich gewesen, der erste Tag, an dem mir etwas Wirkliches vom Katholizismus aufging ... Ich fange, glaube ich, an, den Begriff ›Kirche‹ zu verstehen.«

Dieses eindrückliche Erlebnis der Kirche wird von nun an sein Leben und Denken bestimmen. Kirche ist universal und konkret. »Mir ist in den letzten Wochen hier so vieles aufgefallen, was ich noch viel allgemeiner studieren möchte«, schrieb er den Eltern.

 Der Petersdom um 1920

Anders als bei manchen Theologen war Bonhoeffers Blick nie eingeengt. Vielseitig begabt war er stets neugierig auf alles Neue und Fremde, war er offen für Anregungen und Impulse. Und vor allem: Er liebte und genoss das Leben. Er ging ins Theater und ins Kino, er hatte eine Vorliebe für gutes Essen und trank gerne, spielte Karten und tanzte, er achtete auf sein Äußeres und kleidete sich nach der Mode, er war sportlich und rauchte dazu wie ein Schlot.

Bonhoeffer kehrte nach Hause zurück und studierte in Berlin weiter. Sein Lehrer wurde der Theologe Adolf von Harnack, mit dem seine Familie befreundet war. Der große Gelehrte stellte eine Verbindung zwischen Theologie und Kirche her und zwischen Kirche und Staat. Aber war es

Adolf von Harnack (1851-1930)
Karl Barth (1886-1968)

nicht gerade dieses Denken, das zur Katastrophe des Ersten Weltkrieges geführte hatte? Aus der Schweiz meldete sich heftiger Widerspruch: Ein junger, damals noch völlig unbekannter Pfarrer, attackierte diese Theologie. Karl Barth konzentriert das Denken auf das Wort Gottes und auf Jesus Christus. Die Kirche darf nicht vom Staat abhängig sein, aber sie darf auch nicht unpolitisch sein.

1927 Die Gemeinschaft der Heiligen

Schon mit 21 Jahren schrieb Bonhoeffer seine Doktorarbeit über das Thema »Kirche«. »Sanctorum Communio [deutsch: Gemeinschaft der Heiligen] – eine dogmatische Untersuchung zur Soziologie der Kirche«, lautete ihr Titel. Dabei hatte er von Anfang an die konkrete Gestalt der Kirche im Blick. »Kirche ist Christus als Gemeinde existierend«, heißt der zentrale Satz. Christus ist Gottes Wort für mich, er wird nicht nur in der Kirche verkündigt, die Kirche selbst ist dieser Leib Christi. Damit war die Frage nach der erfahrbaren lebendigen Kirche gestellt. Es zog ihn von der Universität zur Gemeinde.

Zu den Voraussetzungen für das erste kirchliche Examen gehörte auch praktische Gemeindeerfahrung. Bonhoeffer hielt in der Grunewald-Kirche den Kindergottesdienst. Lebendig erzählte er biblische Geschichten, lud die Kinder zu sich nach Hause ein und unternahm Ausflüge mit ihnen. Mit den Älteren diskutierte er und ging mit ihnen ins Konzert. Er spürte, wie er sie beeinflusste, darüber erschrak er. Er wollte keine Macht über Menschen haben.

Sein Vikariat, d.h. die praktische Ausbildung zum Pfarrer, machte Bonhoeffer von 1928 bis 1929 in Barcelona, einer kleinen deutschen Auslandsgemeinde, die vor allem aus Kaufleuten bestand. Und wieder waren es die Kinder, die an ihm hingen. Bonhoeffer nahm allerdings auch die Armut im Land wahr, an die sich die deutsche Gemeinde schon gewöhnt hatte.

Die deutsche Gemeinde in Barcelona mochte den jungen und engagierten Theologen. Das Bild zeigt Bonhoeffer beim Gemeindefest.

Bonhoeffer wollte sich die Möglichkeit einer Tätigkeit als Dozent offen lassen, darum verfasste er eine Habilitationsschrift. In der Arbeit »Akt und Sein« beschäftigte er sich mit der Frage, wie der Mensch Gott begreifen kann. »Gott ist nicht frei vom Menschen, sondern für den Menschen.« Er wird »faßbar in seinem Wort in der Kirche«.

Am 31. Juli 1930 hielt er seine Antrittsvorlesung. Er war vierundzwanzig Jahre alt, ein Jahr zu jung, um

Diese Aufnahme hat Bonhoeffer selbst in den USA gemacht. Sie zeigt das Union Theological Seminary in New York. Der Bezirk Harlem grenzt direkt an das Gebäude.

Pfarrer zu werden. Sein Vorgesetzter, Superintendent Max Diestel, der in der Ökumene aktiv war, vermittelte ihm ein Stipendium für ein Jahr am berühmten Union Theological Seminary in New York. Was konnte ihm Besseres passieren? Eine neue Welt würde sich ihm auftun.

1930 New York

Zunächst war Bonhoeffer erschrocken über das Niveau sowohl bei den Studenten als auch bei den Professoren. »Unmöglich«, rief er aus. Aber bald lernte er in den USA eine ganz andere Seite der Theologie kennen. Der Theologieprofessor Reinhold Niebuhr beschäftigte sich in den Seminaren mit der Frage, wie christlicher Glaube und soziales Handeln zu verbinden sind. Unter den Mitstudenten fand er viele Freunde, wie zum Beispiel den farbigen Theologen Albert Franklin Fisher. Er zeigte ihm die Ladenkirchen in den Slums und schon bald war Bonhoeffer jeden Sonntag in den Gottesdiensten der Schwarzen in Harlem. »Ich habe in den Negerkirchen das Evangelium predigen gehört«, sagte er über diese Zeit. In den Spirituals sangen sie von der Hoffnung auf Befreiung und Gerechtigkeit. Die Musik nahm Körper und Geist in ihren Bann. Glaube, Leben und Handeln waren eine unauflösbare Einheit.

Ein weiterer Freund aus der New Yorker Zeit, Jean Lasserre, kam aus Frankreich und war ein entschiedener Vertreter des Pazifismus. Obwohl Bonhoeffer in Berlin die Predigten Günther Dehns, der ebenfalls Pazifist war, gehört hatte, stand er der Ablehnung jeder Gewaltanwendung kritisch gegenüber. Lasserres Haltung entsprang einer konsequenten Umsetzung des Friedensgebotes der Bergpredigt. Das beeindruckte und überzeugte Bonhoeffer. Als beide über ihre Lebensziele sprachen, sagte Lasserre, dass er ein Heiliger werden wolle. »Ich halte es für möglich, daß er es geworden ist«, wird Bonhoeffer später in der

Mit Jean Lasserre (links) reiste Bonhoeffer 1931 nach Mexiko.

Zelle von Tegel über ihn schreiben. Bonhoeffer selbst nannte als sein Lebensziel: »glauben lernen«.

Von den amerikanischen Freunden hatte Paul Lehmann am meisten Verständnis für die europäische Theologie. Er erkannte die Bedeutung des jungen Deutschen und hoffte, dass er in den USA einen Lehrstuhl für Theologie übernehmen werde. Er würde sich später einmal für Bonhoeffer einsetzen.

Das theologische Seminar in New York 1930/31. »Eine Theologie gibt es hier nicht«, sagte Bonhoeffer zunächst. Dann aber lernte er eine Theologie kennen, der das soziale Handeln wichtig war und die sich engagierte. Diese Erfahrungen hat er, neben vielen Schallplatten mit Spirituals, mit nach Deutschland gebracht.

3. Kapitel

Dreierlei Leben
Dozent – Pfarrer – Jugendsekretär

Die Friedrich-Wilhelms-Universität in Berlin. Dort lehrte Bonhoeffer Systematische Theologie. Mit seinen vierundzwanzig Jahren war er der jüngste theologische Dozent in Berlin.

Im Jahre 1900 hielt Adolf von Harnack seine berühmte Vorlesung »Das Wesen des Christentums«, in der er beschrieb, was für ihn der Glaube an Jesus Christus bedeutet. Dietrich Bonhoeffer, der nach seiner Rückkehr aus Amerika an der Berliner Universität lehrte, nannte seine Vorlesung im Sommersemester 1932 bewusst »Das Wesen der Kirche«. Auch für ihn steht Jesus Christus im Mittelpunkt seines Denkens, aber er wird konkret und lebendig in der Kirche erfahrbar. Völlig ungewöhnlich war sein Vorlesungsstil. Ihm war es wichtig, was Gottes Wort heute den Menschen sagt, und er betete im Hörsaal. Er sprach über die christliche Verpflichtung zum Frieden und über den Pazifismus. Bonhoeffer zog die Studenten an und es bildete sich bald ein fester Kreis um ihn.

Eine »verwilderte« Konfirmandengruppe

Er war Dozent und Pfarrer zugleich. Und was er die Studenten über die Kirche lehrte, das erlebte er selbst in seiner Gemeinde. Dabei war der Anfang alles andere als einfach gewesen. In Berlin-Wedding gab es eine Konfirmandengruppe, die der dortige Pfarrer nicht bändigen konnte. Als Bonhoeffer zu ihnen in den Unterrichtsraum kam, schrien sie durcheinander und schütteten Unrat über ihn aus. Er ließ sie gewähren, bis es ihnen zu langweilig wurde. Dann begann er zu sprechen, ganz leise, dass es nur die vorne Sitzenden hörten. Er erzählte von Harlem, da hörten sie zu. Wenn sie wollten, würde er das nächste Mal wieder davon erzählen. Und sie kamen wieder und er erzählte. Er berichtete nicht nur über Harlem, sondern sprach mit ihnen auch über biblische Geschichten. Die anfänglichen Disziplinschwierigkeiten hatten sich von selbst erledigt, seine Jungen sorgten selbst für Ruhe. Sie wuchsen zusammen und hingen aneinander.

Bonhoeffer nahm sich ein Zimmer in der Nähe seiner Konfirmanden. Gemeinsam spielten sie Schach oder er half ihnen bei Englisch. Zu Weihnachten schenkte er jedem ein Päckchen und sie unternahmen Ausflüge miteinander. Eines Tages kam Bonhoeffer zu spät zur Vorlesung, was ihm sonst nie passierte. Er gab nur eine kurze Erklärung ab: »Einer meiner Jungen liegt im Sterben, und ich wollte noch einmal mit ihm reden. Das mußte sein.«

 Bonhoeffer mit seinen Konfirmanden Ostern 1932

Als der Konfirmationstag kam, besorgte er einen großen Stoffballen für die Anzüge. Am 13. März 1932 konfirmierte er sie dann feierlich im Gottesdienst. In der Predigt sagte er zu ihnen: »Keiner soll euch je den Glauben nehmen, daß Gott für euch einen Tag und eine Sonne und eine Morgenröte bereitet hat und daß er uns dieser Sonne zuführt, die Christus heißt, daß er uns das gelobte Land sehen lassen will, in dem Gerechtigkeit und Friede und Liebe herrscht, weil Christus herrscht ...« Auch nach der Konfirmation blieben sie miteinander in Verbindung. Bonhoeffer pachtete außerhalb von Berlin in Biesenthal ein Stück Land und stellte dort ein Holzhaus auf. Dort traf er sich mit den Jugendlichen und auch mit seinen Studenten.

Bonhoeffer vor der Baracke in Biesenthal 1932

Die Situation der jugendlichen Arbeitslosen beschäftigte ihn. In den Ladenkirchen von Harlem hatte er erlebt, wie Gottesdienst und soziales Handeln zusammengehören. In Anneliese Schnurmann, einer Schulfreundin seiner Schwester Susanne, fand er Unterstützung. Sie stammte aus einem wohlhabenden jüdischen Elternhaus und wollte einen Teil ihres Vermögens für

Bonhoeffer im Kreis seiner Studenten bei einer Freizeit 1932. Einige helfen auch in der Jugendstube Charlottenburg mit.

eine soziale Aufgabe zur Verfügung stellen. So entstand in Charlottenburg die Jugendstube. Hierhin konnte jeder arbeitslose Jugendliche kommen, hier wurde er beraten und auch weiter ausgebildet.

Einer von drei Jugendsekretären

Superintendent Max Diestel, der ihm bereits die Vikariatsstelle in Barcelona vermittelt hatte, bat Bonhoeffer, ihn bei der Sitzung der »World Alliance« in Cambridge 1931 zu vertreten. Die »World Alliance«, die »Freundschaftsarbeit der Kirchen«, war ein Zweig der ökumenischen Bewegung, die sich im Umfeld des Ersten Weltkriegs gebildet hatte. Christen sahen es als ihre Aufgabe an, sich über die Grenzen der Nationen hinweg gemeinsam für den Frieden einzusetzen. Weil die Not in der Welt so groß ist, müssen wir gemeinsam handeln, sagten sich die Konferenzteilnehmer und überlegten, was sie zusammen tun können. Bonhoeffer wurde in Cambridge zu einem der drei Jugendsekretäre gewählt. Nun nahm er an den Konferenzen in England, Frankreich, der Schweiz und der Tschechoslowakei teil, bereitete sie mit vor, hielt den Kontakt mit den verschiedenen Vertretern und lernte viele Theologen kennen, die in der ganzen Welt für die Ökumene arbeiteten. Dazu zählte auch der einflussreiche Bischof von Chichester, George Bell. Beide wurden enge Freunde.

Wozu andere drei Wochen brauchten, schaffte Bonhoeffer in drei Stunden, sagte einmal ein Freund über ihn. Dennoch wird ihn diese Zeit an den Rand seiner Kräfte gebracht haben. Er hielt Vorlesungen und un-

Bei der Jugendkonferenz in Gland am Genfer See 1932 sprach Bonhoeffer anstelle des verhinderten dänischen Bischofs Ammundsen das Schlusswort: »Wir sind nicht eine Zweckorganisation des kirchlichen Handelns, sondern wir sind eine bestimmte Gestalt der Kirche selbst ...« Wo Menschen Jesus Christus folgen und im Gehorsam gegen sein Wort handeln, ist für ihn Kirche.

terrichtete die Konfirmanden, er traf sich mit den Studenten und den Jugendlichen, er organisierte internationale Konferenzen, er musste vermitteln und Probleme lösen, er war ständig gefordert. In allem erlebte er, was ihm so wichtig geworden war: eine Kirche, in der Glaube und Handeln zusammengehören; eine Kirche, in der Jesus Christus Gestalt bekommen hat. Und wie Jesus Christus für andere da ist, so muss auch die Kirche für andere sein.

Eine andere Gruppe in der Ökumene sah es als wichtig an, sich in theologischen Fragen zu einigen. Der Bewegung für »Glaube und Kirchenverfassung« (»Faith and Order«) stand Bonhoeffer distanziert gegenüber. Glaube musste begründet sein, darauf legte er immer großen Wert und lehnte deshalb auch vorschnelle Resolutionen ab, aber das Ziel war ihm stets das gemeinsame Handeln.

4. Kapitel

… dem Rad selbst in die Speichen zu fallen

Als Dietrich Bonhoeffer am 13. März 1932 seine Jugendlichen konfirmierte, wurde auch der Reichstag gewählt. In Wedding werden die meisten den Vertreter der kommunistischen Partei gewählt haben, fast fünf Millionen Stimmen kamen für Ernst Thälmann in Deutschland zusammen. Sein erbitterter Gegner war der Vorsitzende der nationalsozialistischen Partei, Adolf Hitler. Ihn wählten über elf Millionen Deutsche. Die NSDAP machte sich die Unzufriedenheit vieler Menschen mit der Weimarer Republik zunutze. Das Land war von einer tiefen wirtschaftlichen Depression erschüttert, außenpolitisch war Deutschland unbedeutend geworden und innenpolitisch bestimmten politische Unruhen die Straße. Man rief nach dem »starken Mann« und vielen erschien Hitler als der ersehnte Retter. Aber noch war das bürgerliche Lager stärker. Doch als nach weniger als einem Jahr die Regierung zurücktrat, wurde Hitler am 30. Januar 1933 Reichskanzler. »Das bedeutet Krieg«, sagte Rüdiger Schleicher, der Bonhoeffers Schwester Ursula geheiratet hatte. Und so dachten auch alle anderen im Hause Bonhoeffer. Zwei Tage später, am 1. Februar 1933, hielt Dietrich Bonhoeffer eine Rundfunkansprache zum Thema »Der Führer und der Einzelne der jungen Generation«. Angesichts des Führerkultes um Hitler warnte er: »Läßt der Führer sich von dem Geführten dazu hinreißen, dessen Idol darstellen zu wollen – und der Geführte wird das immer von ihm erhoffen –, dann gleitet das Bild des Führers in das des Verführers ... Führer und Amt, die sich selbst vergotten, spotten Gottes.« Er schien den richtigen Ton getroffen zu haben, denn die Übertragung der Rundfunkansprache wurde abgebrochen.

Am 1. Februar 1933 richtete sich Hitler in seiner ersten Rundfunkrede an die Nation. Am selben Tag sprach Dietrich Bonhoeffer über das Führertum.

Adolf Hitler war an der Macht und er baute sie zügig aus. Es folgte Gesetz auf Gesetz, die ihn zum unumschränkten Herrscher machten. Als Folge des Brandes des Reichstages, der von den Nationalsozialisten selbst am 27. Februar 1933 gelegt worden war, dessen sie aber einen Mann namens Marinus van der Lübbe beschuldigten, trat einen Tag später die »Verordnung zum Schutz von Volk und Staat« in Kraft. Sie hob die Presse- und Versammlungsfreiheit auf. Das gab der Polizei alle Möglichkeiten in ihrem Vorgehen. Damit gab es sogar eine gesetzliche Grundlage für die Errichtung von Konzentrationslagern. Das »Ermächtigungsgesetz« (24.3.1933) hob die Kontrolle durch Parlament und Verfassung auf. Und mit dem »Heimtückegesetz« (20.12.1934) hatte die NSDAP eine Waffe in der Hand, mit der sie brutal alle politischen Gegner bekämpfte und ausschaltete.

Von dieser Umgestaltung der Republik zur Diktatur war auch die Familie Bonhoeffer betroffen. Der Vater wurde als psychiatrischer Gutachter zum Prozess gegen Marinus van der Lübbe hinzugezogen. Beobachter dieses Verfahrens war Hans von Dohnanyi. Er hatte Christine Bonhoeffer geheiratet und war seit 1929 persönlicher Referent des Justizministers. Er wird über die Verbrechen der Nationalsozialisten eine Kartei anlegen, um bei einem möglichen Verfahren gegen die NSDAP eines Tages Beweismaterial zu haben.

Einschneidend war auch das Ariergesetz vom 7. April 1933, das offiziell »Verordnung zur Wiederherstellung des Berufsbeamtentums« hieß. Beamte jüdischen Glauben und jüdischer Herkunft wurden aus dem Staatsdienst entlassen. Gerhard Leibholz, Ehemann von Bonhoeffers Zwillingsschwester Sabine und Juraprofessor in Göttingen, kam aus einem jüdischen Haus.

Dietrich Bonhoeffers Zwillingsschwester Sabine heiratete den Juristen Gerhard Leibholz, der aus einem jüdischen Hause stammte. Gemeinsam gingen sie 1938 nach England.

Franz Hildebrandt zählte zu den engsten Freunden Bonhoeffers.

Sollte die Kirche den Arierparagraphen übernehmen, war damit auch einer der engsten Freunde Bonhoeffers betroffen, sein Kollege Franz Hildebrandt, der ebenfalls einer jüdischen Familie entstammte.

Der Vater von Bonhoeffers Schwager Gerhard Leibholz wurde als Stadtrat entlassen und starb kurz danach. Der Sohn bat Dietrich Bonhoeffer, ihn zu beerdigen. Dessen Vorgesetzter riet ihm allerdings davon ab und Bonhoeffer folgte ihm. Sein Schwager war enttäuscht. Bonhoeffer spürte, dass er falsch gehandelt hatte. Es gab Entscheidungen, die konnte ihm niemand abnehmen, damit musste er vor anderen bestehen, aber vor allem vor sich selbst.

Im April 1933 sprach Dietrich Bonhoeffer als einer der ersten Theologen zum Thema »Die Kirche vor der Judenfrage«. Drei Aspekte der Stellung der Kirche zum Verhalten des Staates gegenüber den Juden beleuchtete er. Zum einen kann die Kirche den Staat fragen, ob sein Handeln legitim ist. Sodann ist die Kirche den Opfern, gleich ob sie zur Gemeinde gehören oder nicht, in »unbedingter Weise« verpflichtet, und schließlich kann sie in die Lage kommen, »nicht nur die Opfer unter dem Rad zu verbinden, sondern dem Rad selbst in die Speichen zu fallen«. Die Pfarrerschaft war empört, unter Protest verließen die meisten den Raum. Bonhoeffer hatte ausgesprochen, was seine Überzeugung war und wofür er zu leben und auch zu sterben bereit war. Ein Jahr später schrieb er an einen Freund: »Ich glaube, die ganze Christenheit muß mit uns darum beten, daß das ›Widerstehen bis aufs Blut‹ kommt, und daß Menschen gefunden werden, die es erleiden.« Bonhoeffer hat nicht das Martyrium gesucht, aber er war sich von Anfang an im Klaren, was dieser Kampf auch von ihm selbst fordern könnte.

Am 1. April 1933 rufen die Nationalsozialisten zum Boykott jüdischer Geschäfte auf. Hitlers SS- und SA-Truppen stellten sich vor die Eingänge und ließen niemanden hinein. Unbeirrt ging Bonhoeffers Großmutter Julie Bonhoeffer durch die Postenkette der SA hindurch. »Ich kauf meine Sachen, wo ich will!«, sagte sie und ging in das jüdische Geschäft. Dieser Courage der einundneunzigjährigen Frau hatte die SA nichts entgegenzusetzen.

Bekennende Kirche gegen Deutsche Christen

Bei der Kirchenwahl 1933 standen sich die Deutschen Christen und ihre Gegner, die unter der Liste »Evangelium und Kirche« kandidierten, gegenüber.

In der evangelischen Kirche gab es eine ganze Reihe von Anhängern der Nationalsozialisten. Sie fanden sich in der Gruppe der »Deutschen Christen« zusammen. Sie wollten das Führerprinzip auf die Kirche übertragen. Ihr Kandidat als Reichsbischof war Ludwig Müller. Eine kurzfristig angesetzte Kirchenwahl am 23. Juli 1933 sollte ihn ins Amt heben.

Bonhoeffer kämpfte gegen Ludwig Müller, er verteilte Flugblätter, sprach auf Protestversammlungen und plante einen Beerdigungsstreik der Pfarrer. Zusammen mit seinem Freund Franz Hildebrandt engagierte er sich bei den Kirchenwahlen für die Liste

»Evangelium und Kirche«. Es half alles nichts. 70 Prozent wählten die Deutschen Christen. Bonhoeffer und seine Freunde hatten die Wahl verloren, schlimmer noch, Bonhoeffer hatte seine Kirche verloren.

Ludwig Müller wurde am 27. September 1933 in Wittenberg in sein Amt als Reichsbischof eingeführt. Bonhoeffer und Hildebrandt protestierten mit Flugblättern gegen die Synode. Als einer der Teilnehmer über das Grab Luthers hinweg Müller zurief: »Mein Reichsbischof, ich grüße dich«, raunte Bonhoeffer seinem Freund zu, er glaube nun an die Lehre von der »Realrotation« der Gebeine Luthers. Angesichts der propagandahaften Inszenierung dieser Einführung legte sich in der Tat der Gedanke nahe, Luther habe sich im Grabe umgedreht.

»Kirche bleibe Kirche! Bekenne, bekenne, bekenne!«, hatte er am Tag der Kirchenwahl gepredigt. Zusammen mit dem Erlanger Professor Hermann Sasse arbeitete er ein Bekenntnis aus, das als »Betheler Bekenntnis« bekannt wird und das später dem berühmten »Barmer Bekenntnis« als Vorlage dienen wird. Es war die Grundlage einer Kirche, die sich bewusst »Bekennende Kirche« nannte.

Am 6. September 1933 übernahm die preußische Landeskirche auf einer Synode den Arierparagraphen. Pfarrer Martin Niemöller gründete daraufhin den »Pfarrernotbund«, um die bedrohten Pfarrer jüdischer Herkunft zu schützen. Bonhoeffer beteiligte sich daran, aber er wusste auch, dass er in dieser Landeskirche kein Pfarrer sein wollte. Angebote von Pfarrstellen schlug er aus, stattdessen nahm er eine Pfarrstelle in London an. Konnte er Deutschland so einfach verlassen, jetzt, wo das Haus der Kirche brannte, wie ihm Karl Barth schrieb? Als Bonhoeffer den Brief seinem Vater zeigte, gab dieser ihm zur Antwort: »Ich denke nur, es hat auch seinen großen Wert, die Dinge von außen her zu sehen und von dort aus zu beeinflussen, und vor allem auch, sich für einen geeigneten Zeitpunkt aufzusparen.«

Der Rat des Vaters war klug und er behielt in allen Punkten Recht. Zusammen mit seinem Freund Franz Hildebrandt ging Bonhoeffer nach London. Sie betreuten dort zwei deutsche Gemeinden und teilten sich Arbeit und Lohn. Gemeinsam unterstützten sie die Emigranten aus Deutschland, die aus politischen oder religiösen Gründen hatten fliehen müssen. Bonhoeffer informierte die Auslandsgemeinde über die Zustände in Deutschland, so dass sie sich aus diesen Gründen eines Tages vom Kirchlichen Außenamt, das heißt von der Mutterkirche in Deutschland, lossagte. Immer wieder flog er nach Berlin und hielt so den Kontakt zu seinen Freunden dort.

Das Gemeindehaus in London, in dem Bonhoeffer wohnte. Hier wurde bis in die Nacht diskutiert und auch musiziert. Bonhoeffer betreute 1933-1935 die Gemeinden von Sydenham und St. Pauls.

Vom 29. bis zum 31. Mai 1934 tagte in Barmen bei Wuppertal eine Synode, die in sechs Thesen die Irrlehre der Deutschen Christen verurteilte. Karl Barth hatte den Entwurf verfasst, der von den 138 Abgeordneten aus allen Landeskirchen feierlich angenommen wurde. Als das »Barmer Bekenntnis« ging es in die Kirchengeschichte ein und gehört zu den grundlegenden Dokumenten der evangelischen Kirche. Auf dieser Synode entstand die »Bekennende Kirche« und entschieden trat sie den »Deutschen Christen« gegenüber: »Wir verwerfen die falsche Lehre, als könne und müsse die Kirche als Quelle ihrer Verkündigung außer und neben diesem einen Wort Gottes auch noch andere Ereignisse und Mächte, Gestalten und Wahrheiten als Gottes Offenbarung anerkennen.«

Bonhoeffer hatte aus der Entfernung den Ablauf der Barmer Synode verfolgt. Dabei war ihm nicht entgangen, dass sie nur mit kircheninternen Angelegenheiten beschäftigt war. Kein Satz über den Arierparagraph, kein Wort über die Situation der Juden im Staat. Es war eine unpolitische Synode, und auch die Bekennende Kirche wird unpolitisch bleiben.

Ein Konzil des Friedens

Bonhoeffer hoffte, dass sich die Ökumene gegen die von den Deutschen Christen bestimmte Reichskirche stellen würde. Den Generalsekretär des Weltrates für Praktisches Christentum in Genf beschwor er geradezu: »Auch die Ökumene muß sich entscheiden und ist dabei dem allgemeinen Schicksal des Irrens unterworfen. Aber aus lauter Angst vor Irrtum überhaupt nicht zum Handeln zu kommen und zur Stellungnahme, wo andere – nämlich die Brüder in Deutschland – unendlich schwere Entscheidungen täglich neu zu fällen haben, scheint mir fast gegen

Diskussion in den Dünen während der Ökumenischen Konferenz auf der dänischen Insel Fanö im August 1934

die Liebe zu gehen ...« Es wird Bonhoeffer nicht gelingen, die Vertreter der Bekennenden Kirche als die einzigen legitimen Abgeordneten der Evangelischen Kirche durchzusetzen. Der Weltbund wird beide Kirchen zur ökumenischen Konferenz auf der Insel Fanö in Dänemark im August 1934 einladen. Die Bekennende Kirche informiert über die Lage

In Fanö traf Bonhoeffer Jean Lasserre wieder.

in Deutschland, die Konferenz schließt sich dieser Beurteilung an, gegen den heftigen Protest der Vertreter der Reichskirche.

Man diskutierte in den Konferenzräumen, aber manchmal zog es die Teilnehmer auch nach draußen ans Meer. Da fragte ein schwedischer Vertreter Bonhoeffer: »Was würden Sie in einem Kriegsfall tun, Herr Pastor?« – »Ich bitte darum, daß Gott mir die Kraft geben wird, nicht zu den Waffen zu greifen.« Auf der Konferenz traf Bonhoeffer auch Jean Lasserre wieder, mit dem er so viel in New York über den Pazifismus gestritten hatte und von dem er so viel gelernt hat.

Allen Friedensbeteuerungen zum Trotze, Hitler wollte den Krieg. Wer könnte das verhindern? Wer könnte sich für den Frieden einsetzen, überzeugend und wirksam? Am 28. August 1934 hielt Bonhoeffer auf der Konferenz auf Fanö die Morgenandacht, bei der die Teilnehmer den Atem anhielten. Sie ahnten die Bedeutung seiner Worte: »Wie wird Friede? Wer ruft zum Frieden, daß die Welt es hört, zu hören gezwungen ist? Nur das eine große ökumenische Konzil der Heiligen Kirche Christi aus aller Welt kann es so sagen, daß die Welt zähneknirschend das Wort vom Frieden vernehmen muß und daß die Völker froh werden, weil diese Kirche Christi ihren Söhnen im Namen Christi die Waffen aus der Hand nimmt und ihnen den Krieg verbietet und den Frieden Christi ausruft über die rasende Welt.«

George Bell, Bischof von Chichester

Aber auch diese eindrücklichen Worte, dieser leidenschaftliche Appell werden verhallen. Es wird kein Konzil geben, Bonhoeffer wird die Ökumene nicht zum Handeln motivieren können. Lediglich sein Freund George Bell stellte sich eindeutig auf die Seite der Bekennenden Kirche. Er erreichte als Präsident des Weltrates für Praktisches Christentum einen ökumenischen Hirtenbrief, der das Führerprinzip und die Rassendiskriminierung der Reichskirche verurteilte.
George Bell vermittelte Bonhoeffer auch eine Einladung zu Mahatma Gandhi in Indien. Er wollte vor Ort den gewaltfreien Widerstand kennen lernen. Vielleicht ließ er sich ja auch auf die Situation in Deutschland übertragen. Bonhoeffer hatte eine solche Reise schon früher einmal geplant, aber auch diesmal wurde nichts daraus. Die Bekennende Kirche berief ihn, eines ihrer Predigerseminare zu leiten. Er wusste, dass es für ihn nun Zeit war zurückzukehren, er wurde jetzt dringend in Deutschland gebraucht.

5. Kapitel

Gemeinsames Leben

Den Sommer 1935 bezeichnete Dietrich Bonhoeffer im Rückblick als »die beruflich und menschlich ausgefüllteste Zeit«. Er hatte seinen Ort in der Welt und seine Aufgabe gefunden. Dabei wirkte alles noch so provisorisch. Aber gerade darin lag die Herausforderung und die Möglichkeit des Gestaltens. Bonhoeffer wusste, wie viel von der neuen Generation der Pfarrer abhängen wird.

Und die jungen Theologen selbst warteten sehnsüchtig, drängten geradezu in die neu errichteten Predigerseminare der Bekennenden Kirche. Nach dem ersten theologischen Examen folgte die praktische Ausbildung; es galt, das Predigen zu lernen, wie Kirchlicher Unterricht zu halten ist und was Seelsorge ausmacht. Bonhoeffer selbst hatte nie ein Predigerseminar besucht, er sah das als Zeitverschwendung an. Wie sehr hatte sich inzwischen seine Ansicht gewandelt, wie anders waren die Zeiten geworden. Er sollte das Predigerseminar in Pommern leiten, eines von fünfen, das die Bekennende Kirche eingerichtet hatte.

In den ersten Wochen trafen sich die angehenden Pastoren noch in Zingst, das malerisch hinter Ostseedünen lag. Dann konnte das Haus in Finkenwalde bei Stettin bezogen werden.

Bonhoeffer auf dem Gelände des Zingsthofes

Es war ein ehemaliges Gut, das zeitweilig auch als Schule gedient hatte. Die Räume waren kahl und leer, sie mussten erst noch eingerichtet werden. Man war

Die Kapelle des Predigerseminars Finkenwalde

auf Spenden angewiesen und die kamen reichlich. Die Gemeinden stellten das Mobiliar zur Verfügung und sorgten auch für die Verpflegung. Die ehemalige Turnhalle wurde mit Leimfarbe und Kistenholz in die Kapelle des Seminars verwandelt. An der Stirnwand leuchtete in Goldbuchstaben das Wort »Hapax« (griech.), das bedeutet »Ein für alle Mal«. Christus war ein für alle Mal für uns gestorben; das zu verkündigen und zu leben, war Aufgabe der Kirche.

Seinem Schwager Rüdiger Schleicher schrieb Bonhoeffer: »Bin ich es, der sagt, wo Gott sein soll, so werde ich immer einen Gott finden, der mir irgendwie entspricht, gefällig ist, der meinem Wesen zugehörig ist. Ist es aber Gott, der sagt, wo er sein will, dann wird das wohl der Ort sein, der meinem Wesen zunächst gar nicht entsprechend ist, der mir gar nicht gefällig ist. Dieser Ort aber ist das Kreuz Christi. Und wer ihn dort finden will, der muß mit unter dieses Kreuz Christi, wie es die Bergpredigt fordert.«

Eine Fachbibliothek gab es natürlich auch nicht. Bonhoeffer ließ seine umfangreiche Bibliothek aus Berlin kommen, samt seinem wertvollen Bechsteinflügel. Meist arbeiteten die Teilnehmer des Seminars zu dritt in einem Zimmer, die sehr karg eingerichtet waren. Der große Schlafsaal nahm die rund fünfundzwanzig Seminaristen auf, nur Bonhoeffer hatte ein

Blick auf das ehemalige Gutshaus, in dem das Predigerseminar untergebracht war.

eigenes Zimmer. Er fiel nicht auf in der Gruppe, denn er war kaum älter als die anderen. Er wollte auch nicht auffallen, denn sie sollten eine Gemeinschaft von Brüdern sein. Sie sollten einander beistehen und stützen, sie brauchten einander. In Abwesenheit durfte nicht über den anderen gesprochen werden, sie sprachen sich gegenseitig mit »Bruder« an und so wollte auch Bonhoeffer selbst angesprochen werden.

Schon bald machten Gerüchte über das Finkenwalder Predigerseminar die Runde. Richtete Bonhoeffer dort ein Kloster ein, wurde dort Katholizismus betrieben? »Für Meditation haben wir jetzt keine Zeit«, wurde ihm vorgeworfen, »die Kandidaten sollen lernen, zu predigen und zu katechesieren!« Aber wie leer und ausgebrannt kamen die meisten zu ihm, sie mussten zuerst anderes lernen. »Wie lerne ich beten? Wie lerne ich die Schrift lesen?«, waren ihre Fragen.

Der Tag begann mit einer Andacht und so schloss er auch, sie lasen die Psalmen, sie sprachen Gebete und das Vaterunser, sie sangen Lieder und meditierten. Die Konzentration allein auf den Text war das Neue und Fremde. An der Universität hatten sie die Exegese, die wissenschaftliche Auslegung der Texte, gelernt, aber nun kam es darauf an, was das Wort selbst sagte. Durch langes Warten und Stillesein mussten sie erfahren, dass der Text »unser Herr sein kann«. Auf diese Begegnung ist die Meditation aus, auf das Wort, das uns trifft und betrifft. »Es ist nicht nötig, daß wir in der Meditation neue Gedanken fin-

Die Arbeitszimmer waren schlicht eingerichtet. Einige verstanden es, sie mit wenigen Mitteln gemütlich zu gestalten.

den. Das lenkt uns oft nur ab und befriedigt unsere Eitelkeit. Es genügt vollkommen, wenn das Wort, wie wir es lesen und verstehen, in uns dringt und bei uns Wohnung macht«, führt Bonhoeffer in »Gemeinsames Leben« aus. Dieses kleine Buch beschreibt das Experiment von Finkenwalde.

Daneben richtete Bonhoeffer das »Bruderhaus« ein, für das fünf Seminaristen von der Kirche freigestellt wurden. »Es muß ein Stamm von Brüdern sein, die ohne Worte zu machen durch ihr Zusammenleben die anderen mithineinziehen.« Sie übernahmen Aufgaben im Unterricht und Leben des Seminars und taten Dienst in den umliegenden Bekenntnisgemeinden. Sie hielten sich an eine strenge Gebetsdisziplin und teilten untereinander die Finanzen, sie praktizierten die Meditation und auch die Beichte. Diese Gruppe war das Rückgrat des Seminars. Es war eine Gemeinschaft, in der Leben und Glauben zu einer Einheit geworden waren.

Manches musste allerdings auch in Finkenwalde eingeübt werden. Als nach dem Essen der Küchendienst vergeblich nach Hilfe beim Abspülen rief, stand Bonhoeffer schweigend auf, schloss hinter sich die Tür, spülte ab und mischte sich später wieder unter die Seminaristen, die sich mittlerweile in den Dünen getroffen hatten. Bei gutem Wetter fiel der

Sie sollen erleben, was Freiheit ist, sagte Dietrich Bonhoeffer einmal bei einem der Ausflüge an die Ostsee. Bisweilen diskutierten sie auch mitten in den Dünen.

Unterricht bisweilen auch aus, man ging gemeinsam ans Meer. In Finkenwalde wurde viel musiziert, man hörte die Platten mit den Spirituals aus Amerika, es wurde Tischtennis gespielt, gelesen und diskutiert. Es war eine Lebensgemeinschaft, zwar in »klösterlicher Abgeschiedenheit«, aber das war kein Selbstzweck. Ziel war die »innerste Konzentration für den Dienst nach außen«.

Nachfolge

Aber nicht alleine der ganz andere, ihnen fremde Lebensstil ließ die Seminarteilnehmer aufhorchen. In den Vorlesungen, die sie hörten, ging es nicht allein um Predigtlehre und Amtsverständnis, sondern sehr schnell kam Bonhoeffer auf den Kern seiner Theologie, die »Nachfolge«. Er unterscheidet zwischen der billigen Gnade, einer Schleuderware, mit der alles umsonst, ohne Kosten und Konsequenzen zu haben ist. Die teure Gnade dagegen ist das Evangelium. »Teuer ist sie, weil sie in die Nachfolge ruft, Gnade ist sie, weil sie in die Nachfolge Jesu Christi ruft; teuer ist sie, weil sie dem Menschen das Leben kostet; Gnade ist sie, weil sie ihm so das Leben erst schenkt; teuer ist sie, weil sie die Sünde verdammt, Gnade, weil sie den Sünder rechtfertigt.« Gott ist in Jesus Christus Fleisch geworden und er ruft in eine konkrete, sichtbare Gemeinschaft, die Kirche. »Das

Leben Jesu Christi ist auf dieser Erde noch nicht zu Ende gebracht. Christus lebt es weiter in dem Leben seiner Nachfolger.« Bonhoeffers Denken orientierte sich an der Bergpredigt, die er konsequent weiterdachte.

Am 1. Mai 1935 verkündete Hitler das neue Wehrgesetz. In Deutschland brach Jubel aus und auch in Bonhoeffers Seminar war die Begeisterung zu spüren. Nun endlich konnten auch sie ihren Patriotismus unter Beweis stellen. Verwundert waren sie, als sie sahen, dass Bonhoeffer ihre Euphorie nicht teilte, sondern meinte, dass es für einen Christen auch die Möglichkeit geben müsse, den Kriegsdienst zu verweigern. Dieser Gedanke war ihnen völlig fremd, doch nicht nur ihnen, auch die Bruderräte der Bekennenden Kirche konnten sich damit nicht anfreunden. Aber forderte nicht die Bergpredigt Gewaltfreiheit und Feindesliebe und waren ihre Gebote nicht verbindlich?

Für die Bekennende Kirche hatte sich langsam die Situation geändert. Noch zu gut hatten die Gemeinden die Rede bei der Großkundgebung der »Deutschen Christen« 1933 im Berliner Sportpalast in Erinnerung, als der Hauptredner die Kirche zur »Befreiung vom Alten Testament mit seiner jüdischen Lohnmoral, von diesen Viehhändler- und Zuhältergeschichten« und zu einem »heldischen Jesus« aufrief. Es hagelte Proteste, so wollte man sich auch nicht in die Ideologie des Nationalsozialismus eingliedern lassen. Reichsbischof Müller war gescheitert, Hitler änderte seine Kirchenpolitik. Im Sommer 1935 richtete er ein Kirchenministerium ein, das wiederum einen Kirchenausschuss bildete, der aus Vertretern der Bekennenden Kirche, der Deutschen Christen und der Neutralen bestand. Ein geschickter Schachzug war, als Vorsitzenden den angesehenen Generalsuperintendenten Wilhelm Zoellner zu berufen. Als Bewegung innerhalb des Reichskirchenausschusses konnte die Bekennende Kirche noch weiterbestehen, aber nicht mehr als eigenständige Kirche.

Auf der Ökumenischen Versammlung in Chamby, an der auch Bonhoeffer teilnahm, versuchte Bischof Bell (2. von rechts) zu vermitteln. Ganz links steht Wilhelm Zoellner, Vorsitzender des Reichskirchenausschusses, und neben ihm Karl Koch, Vorsitzender der Bekennenden Kirche.

Am 2. Dezember 1935 erließ das neue Kirchenministerium eine Verordnung zur Durchführung des »Gesetzes zur Sicherung der Evangelischen Kirche«, das die Schließung der Predigerseminare der Bekennenden Kirche zur Folge hatte. Am Abend des 2. Dezembers rief Bonhoeffer alle Seminaristen zusammen und stellte ihnen frei zu gehen. Sie blieben alle, erst zwei Jahre später versiegelte die Gestapo das Haus.

Der Riss trennte jetzt nicht mehr nur die Bekennende Kirche und die Deutschen Christen, sondern er ging nun durch die Bekennende Kirche selbst. Bonhoeffer hatte die Folgen klar gesehen, er misstraute Hitler und seinen Plänen. »Kirche und Unkirche können nicht miteinander paktieren.« Und unmissverständlich schrieb er: »Wer sich wissentlich von der Bekennenden Kirche trennt, trennt sich vom Heil.« Das erschien auch vielen seiner Freunde zu radikal. Schnell münzte man diesen Satz um: Wer keine »rote« Karte hat, gemeint war der Ausweis der Bekennenden Kirche, kommt nicht in den Himmel. Bonhoeffer verlangte viel, auch von seinen Seminaristen, und nicht alle hatten die Kraft durchzuhalten. Immer wieder verließ ein Teilnehmer Finkenwalde und ließ sich vom Kirchenausschuss anerkennen. Die so genannten »Illegalen«, die sich nicht vom Kirchenausschuss hatten anerkennen lassen, waren wirtschaftlich nicht abgesichert, ihre Zukunft war ungewiss.

Im März 1936 unternahm das Predigerseminar aus Anlass des dreißigsten Geburtstages Dietrich Bonhoef-

Im März 1936 unternahm das Predigerseminar eine Studienreise nach Schweden. Das Bild zeigt sie bei der Ankunft in Stockholm.

fers eine Studienreise nach Schweden. Dabei ging es natürlich auch um ökumenische Kontakte. Bonhoeffer geriet wieder in den Blick des Kirchlichen Außenamtes, das die deutschen Auslandsgemeinden betreute und die Reichskirche in Auslandsangelegenheiten vertrat. Es denunzierte ihn als Pazifisten und Staatsfeind. Nachdem er aus Schweden zurückgekehrt war, entzog ihm der Kultusminister die Lehrbefugnis. Seine letzte Vorlesung hatte das Thema »Nachfolge«.

Das Seminar in Finkenwalde wurde unterstützt von den Gemeinden der Bekennenden Kirche in Pommern. Dazu zählten auch eine Reihe von Adligen. Sie standen oft als Patronate den Gemeinden vor. So kam Bonhoeffer unter anderem mit Ruth von Kleist-Retzow in Kontakt, deren Vater schon mit Bonhoeffers Großeltern befreundet war. Sie war eine bemerkenswerte Frau, die unverblümt ihre Meinung äußerte. Zudem befasste sie sich intensiv und kritisch mit der neueren theologischen Literatur. Sie führte lebhafte Gespräche mit Bonhoeffer. Zusammen mit ihren Enkelkindern besuchte sie oft die Gottesdienste in Finkenwalde und schickte ihre Enkel auch dorthin zum Kirchlichen Unterricht. Unter ihren Enkeln war auch Maria von Wedemeyer, mit der sich Dietrich Bonhoeffer Jahre später verloben würde. Die Familie von Kleist-Retzow bewohnte das Gutshaus auf

Gutshaus der Familie von Kleist-Retzow

Klein-Krössin. Dort war Bonhoeffer oft zu Besuch. Während dieser Aufenthalte sind Teile seines Buches »Ethik« entstanden.

Tu deinen Mund auf für die Stummen

Als Bonhoeffer im Konfirmandenunterricht über die Propheten sprach, schickten viele Eltern ihre Kinder nicht mehr zu ihm, denn er hatte von Juden erzählt. Seine Seminaristen erinnerte er daran, dass Jesus ein Jude war, und er stellte der Kirche des Neuen Testamentes die Kirche des Alten Testaments als gleichberechtigte Schwester gegenüber. Dabei betonte er: »Es ist ein und dieselbe Kirche, ein Gott, der sie berufen hat, ein Glaube an das eine Wort.« Bonhoeffer verwies auf den Römerbrief. Die Verheißung Gottes bleibt bestehen. »Das Volk Israel wird das Volk Gottes bleiben in Ewigkeit, das einzige Volk, das nicht vergehen wird, denn Gott ist sein Herr geworden.«

Es waren klare theologische Aussagen und ein mutiges Bekenntnis gerade angesichts der Tatsache, dass in Deutschland der Hass und die Verfolgung der Juden immer deutlichere Formen annahm. In Brandenburg schlugen SA-Leute einen Pastor jüdischer Herkunft halb tot. Bonhoeffer ließ ihn nach Finkenwalde holen, pflegte ihn und sorgte für seine Auswanderung.

»Nur wer für die Juden schreit, darf auch gregorianisch singen!«, sagte er zu den Seminaristen. Die Kirche der Nachfolge ist auch die Kirche der Nächstenliebe. »Die Kirche ist nur Kirche, wenn sie für andere da ist.« Sie sieht nicht nur auf sich und die Ihren, sondern ist dort, wo Not ist, wo sie gebraucht wird.

Es war eines der wenigen mutigen Zeichen der Solidarität, als die Vorläufige Leitung der Bekennenden Kirche in einer Denkschrift an Hitler die staatliche Willkür und den Antisemitismus kritisierte: »Wenn dem Christen im Rahmen der nationalsozialistischen Weltanschauung ein Antisemitismus aufgedrängt wird, der zum Judenhaß verpflichtet, so steht für ihn dagegen das christliche Gebot der Nächstenliebe.« Als Hitler sich nicht zur Denkschrift äußerte, wurde das Schreiben am 23. Juli 1936 in den Basler Nachrichten veröffentlicht. Außerdem wurde sie auf einigen Kanzeln verlesen und sie kursierte als Flugblatt. Die Empörung war groß, auch in der Kirche.

Die Nationalsozialisten rächten sich. Drei Monate später verhafteten sie Friedrich Weißler, der beratender Jurist der Bekennenden Kirche war und der die Kopien der Denkschrift aufbewahrte, sowie Werner Koch, der die Pressearbeit in der Bekenntnisbewegung übernommen hatte, und einen weiteren Pfarrer. Friedrich Weißler, Protestant jüdischer Herkunft, starb unter der Folter der SS im Konzentrationslager Sachsenhausen. Er war der erste Märtyrer der Bekennenden Kirche. Von ihren Kanzeln wurde abgekündigt, dass er am 13. Februar gesund in das KZ kam und am 19. dort verstorben sei. Seine Frau und die Kinder wurden in die Fürbitte eingeschlossen. Werner Koch, Seminarist aus Finkenwalde und Freund Bonhoeffers, überlebte wie durch ein Wunder. Nach zwei Jahren wurde er aus dem KZ entlassen und konnte sich auf dem Gut der Familie von Kleist-Retzow erholen. Während der Zeit seiner Gefangenschaft hatten die Finkenwalder ihn und seine Verlobte unterstützt.

Am 29. August 1937 wurde das Seminar in Finkenwalde von der Gestapo geschlossen. Jedem Mitglied des Bruderhauses überreichte Bonhoeffer ein Exemplar des gerade erschienenen Buches »Nachfolge« mit der Widmung: »Ich danke Dir für zweieinhalb Jahre

Der Sigurdshof, ein leer stehendes Vorwerk in Hinterpommern

treuer Gemeinschaft in Finkenwalde. Möge unser Weg noch viel mehr ein Weg der freudigen Nachfolge werden.«

Die einzige Möglichkeit, die Arbeit dennoch fortzusetzen, waren so genannte »Sammelvikariate«. Gemeindepfarrer, die der Bekennenden Kirche angehörten, übernahmen die Vikare. Bonhoeffer selbst wurde Hilfsprediger, der Unterricht wurde in einem leer stehenden Gebäude des Gutes Sigurdshof in Pommern fortgesetzt. Im März 1940 schloss die Gestapo auch dieses Gebäude. Immer wieder kam es zu Verhaftungen ehemaliger Seminaristen aus Finkenwalde. Zu den prominentesten Gefangenen der Bekennenden Kirche gehörte Pastor Martin Niemöller, der als »per-

Martin Niemöller schrieb im Rückblick: »Als sie die Kommunisten verhafteten, habe ich geschwiegen. Ich war ja kein Kommunist. Als sie die Gewerkschafter holten, habe ich nicht protestiert. Ich war ja kein Gewerkschafter. Als ich an der Reihe war, gab es keinen mehr, der protestieren konnte.«

Am 9. November 1938, in der so genannten »Reichskristallnacht«, brannten in Deutschland die Synagogen.

sönlicher Gefangener« Hitlers im Konzentrationslager Sachsenhausen inhaftiert war. In Buchenwald wurde Pastor Paul Schneider, der in seinen Predigten den Nationalsozialismus angegriffen hatte, gefangen gehalten und 1939 umgebracht.

Als sich 1938 die Verantwortlichen für die Theologenausbildung der Bekennenden Kirche in Berlin trafen, drang die Gestapo in die Sitzung ein und erteilte den nicht in Berlin wohnenden Theologen ein Aufenthaltsverbot für die Stadt. Bonhoeffers Vater konnte für seinen Sohn noch erwirken, dass er zumindest aus privaten Gründen die Hauptstadt betreten konnte.

Sorge bereitete auch die Zukunft von Bonhoeffers Zwillingsschwester Sabine und ihrer Familie. Durch den Schwager Hans von Dohnanyi wussten sie, dass demnächst die Pässe der Juden mit einem »J« gekennzeichnet werden sollten. Schweren Herzens entschloss sich die Familie Leibholz zur Flucht nach England. Am 9. September 1938 brachen sie auf, zwei Monate später brannten in ganz Deutschland die Synagogen. Nur an einer einzigen Stelle in seiner Bibel markierte Dietrich Bonhoeffer einen Vers. Er unterstrich die Stelle in Psalm 74, an der es heißt: »Sie verbrennen alle Häuser Gottes im Lande.« Daneben notierte er das Datum 9.11.1938. Vor Jahren schon hatte er einem Freund geschrieben: »... es ist doch alles nur Angst. ›Tu den Mund auf für die Stummen‹ – wer weiß denn das heute noch in der Kirche, daß dies die mindeste Forderung der Bibel in solchen Zeiten ist.« Aber die Kirche hat geschwiegen. Sie »war stumm, wo sie hätte schreien müssen. ... Sie ist schuldig geworden am Leben der schwächsten und wehrlosesten Brüder Jesu Christi.« An anderer Stelle hat die Kirche gesprochen und sich bekannt. Als am 20. April 1939 der 50. Geburtstag Adolf Hitlers gefeiert wurde, hatte sich die offizielle evangelische Kirche ein besonderes Geburtstagsgeschenk ausgedacht: Alle Pastoren sollten einen Treueid auf den Führer leisten. Die Theologen der Bekennenden Kirche wehrten sich, aber im Gesetzestext stand unmissverständlich: »Wer sich weigert, den Treueid zu leisten, wird entlassen.« Wenige lehnten ihn ab, darunter auch die Seminaristen Bonhoeffers. Sie erkannten die Gefahr, denn durch den Eid waren alle Pastoren persönlich an Hitler gebunden. Damit war die Existenz der Kirche vollends aufs Spiel gesetzt.

Der Krieg lag längst in der Luft und damit auch die Einberufung zur Wehrmacht. Einen Monat nach dem Geburtstag Hitlers erhielt Bonhoeffer einen Musterungsbescheid. Sein Vater machte noch einmal seinen Einfluss geltend, das Wehrmeldeamt zog die Aufforderung zurück. Auf Fanö war Dietrich Bonhoeffer gefragt worden, was er in dem Falle einer Einberufung machen würde. Er hatte sich eindeutig entschieden, nicht zum Militär zu gehen. Aber er war sich auch über die Konsequenzen für die Bekennende Kirche im Klaren. »So würde ich meinen Brüdern einen ungeheuren Schaden zufügen, wenn ich in diesem Punkt Widerstand leistete.«

Die Freunde in Amerika halfen. Reinhold Niebuhr und Paul Lehmann besorgten ihm eine Einladung in die USA. Am 2. Juni 1939 brach er auf, seine Gedanken aber gingen immer wieder nach Deutschland zurück. Als Pazifist war sein Leben bedroht, aber konnte er seine Freunde im Stich lassen? Was hatte er nicht von anderen gefordert, hatte er nicht geschrieben: »Die Sache der Kirche können wir nicht durchhalten ohne Opfer«? Dietrich Bonhoeffer verstand sich als »Pastor«, als Hirte, aber durfte ein Hirte die Seinen im Stich lassen? Bereits nach kurzer Zeit in Amerika

Dietrich Bonhoeffer auf der Überfahrt nach Amerika

entschließt er sich Anfang Juli 1939 zur Rückkehr nach Deutschland. Die amerikanischen Freunde, die sich für ihn eingesetzt hatten, sind verstört. Reinhold Niebuhr versuchte er es zu erklären: »Ich werde kein Recht haben, an der Wiederherstellung des christlichen Lebens nach dem Krieg in Deutschland mitzuwirken, wenn ich nicht die Prüfungen dieser Zeit mit meinem Volk teile.«

Auf seiner Amerikareise besuchte Bonhoeffer auch seine Zwillingsschwester Sabine Leibholz in London, Juli 1939.

Als er einige Tage nach seiner Entscheidung die Losung las, fühlte er sich bestätigt. Paulus bittet seinen Mitarbeiter Timotheus, noch vor dem Winter zu ihm zu kommen. Bonhoeffer notiert dazu: »Das geht mir den ganzen Tag nach ... wir kommen nicht mehr davon los. Nicht als wären wir nötig, als würden wir gebraucht (von Gott?!), sondern einfach, weil dort unser Leben ist und weil wir unser Leben zurücklassen, vernichten, wenn wir nicht wieder dabei sind. Es ist gar nichts Frommes, sondern etwas fast Vitales. Aber Gott handelt nicht nur durch fromme, sondern auch durch solche vitale Regungen.« Bonhoeffer kannte seinen Platz in der Welt. Der Aufenthalt in New York hatte ihm das noch einmal sehr deutlich werden lassen. »Die Reise ist zu Ende. Ich bin froh, daß ich drüben war, und froh, daß ich wieder auf dem Heimweg bin.«

6. Kapitel

Ein Pastor im Widerstand

Es war nun an der Zeit, dem Rad in die Speichen zu fallen. Über seinen Schwager Hans von Dohnanyi war Dietrich Bonhoeffer über die Verbrechen der Nationalsozialisten informiert. Und er wusste auch, dass sich ein Widerstandskreis in der Abwehrabteilung des Kriegsministeriums gebildet hatte, in der sein Schwager mittlerweile tätig war.

1938 war es in der Wehrmacht zu einer Krise gekommen. Generaloberst von Fritsch, ein treuer Anhänger Hitlers, hatte bei einer Besprechung von Oberbefehlshabern der Wehrmacht Bedenken hinsichtlich eines Krieges angemeldet. Hitler ließ ihn ausschalten, indem er ihn der Homosexualität bezichtigte. Seitens des Militärs wurde der Fall von Oberst Hans Oster, der in der militärischen Abwehr unter Admiral Canaris diente, und seitens des Justizministeriums von Hans von Dohnanyi untersucht. Sie bezogen General Beck mit ein und planten, den Fall Fritsch zu einer Aufwiegelung des Heeres gegen Hitler zu nutzen. Dietrich Bonhoeffer war schon jetzt in die Pläne der Verschwörer einbezogen, aber noch war er nur Mitwisser, nicht Mittäter.

Als er aus Amerika zurückkam, war er bereit, auch diesen Schritt zu gehen. Es war der konsequente

Schritt einer Theologie, die sich mit allen Folgen auf die Seite der Schwächsten stellte. Eine theologische Ethik, die politisches Handel ausklammert, war für Bonhoeffer nicht vorstellbar. Ihm war dabei sehr wohl bewusst, dass diese Entscheidung auch die Bereitschaft verlangt, schuldig zu werden. In seinem Aufsatz »Nach zehn Jahren«, den er Ende 1942 schrieb, fragte er: »Sind wir noch brauchbar?«:

Wir sind stumme Zeugen böser Taten gewesen, wir sind mit vielen Wassern gewaschen, wir haben die Künste der Verstellung und der mehrdeutigen Rede gelernt, wir sind durch die Erfahrung mißtrauisch gegen die Menschen geworden und mußten ihnen die Wahrheit und das freie Wort oft schuldig bleiben, wir sind durch unerträgliche Konflikte mürbe oder vielleicht sogar zynisch geworden – sind wir noch brauchbar?

Nicht Genies, nicht Zyniker, nicht Menschenverächter, nicht raffinierte Taktiker, sondern schlichte, einfache, gerade Menschen werden wir brauchen. Wird unsere innere Widerstandskraft gegen das uns Aufgezwungene stark genug und unsere Aufrichtigkeit gegen uns selbst schonungslos genug geblieben sein, daß wir den Weg zur Schlichtheit und Geradlinigkeit wiederfinden?«

Der Weg in den Widerstand

Am 1. September 1939 hatte der Zweite Weltkrieg mit dem Überfall der Deutschen Armee auf Polen begonnen, es folgte der Krieg gegen Frankreich, das sich mit Polen verbündet hatte. Die Gegner Hitlers hofften anfangs, dass der Krieg zur Krise des Regimes führen würde. Stattdessen folgte Sieg auf Sieg und festigte die Position des Nationalsozialismus. Mit der Kapitulation Frankreichs befand sich Hitler auf dem Höhepunkt seiner Macht, die Bevölkerung jubelte ihm zu und auch die Kirchen wollten nicht zurückstehen. Sie hielten Dankgottesdienste für den »größten Feldherrn aller Zeiten« ab.

Zunächst blieb nach Bonhoeffers Rückkehr nach Deutschland für ihn alles beim Alten. Er arbeitete weiterhin für die Bekennende Kirche. Aufenthaltsort war wieder Hinterpommern. Von dort aus besuchte er mit seinem Freund Eberhard Bethge Gemeinden der Bekennenden Kirche in Ostpreußen. Außerdem

Eberhard Bethge und Dietrich Bonhoeffer

arbeitete er auch in theologischen Ausschüssen mit. Nach einem Vortrag bei einer Pfarrkonferenz in Memel saßen Bonhoeffer und Bethge noch in einem Kaffeegarten. Es war ein warmer Sommertag und sie genossen die Sonne. Da plötzlich tönte aus dem Lautsprecher das Fanfarensignal für die Sondermeldung: Frankreich hatte kapituliert! Die Menschen jubelten und sangen begeistert »Deutschland, Deutschland über alles!« Auch Bonhoeffer und Bethge waren aufgestanden, und während Bonhoeffer die Hand zum vorgeschriebenen Hitlergruß erhoben hatte, war

Bethge noch wie benommen. »Nimm den Arm hoch! Bist du verrückt?«, flüstert Bonhoeffer ihm zu. »Wir werden uns jetzt für ganz andere Dinge gefährden müssen, aber nicht für diesen Salut!«

Im Hause Bonhoeffer hatte man Hitler von Anfang an misstraut. Mit Hans von Dohnanyi als Kopf hatte sich ein Widerstandskreis gebildet, zu dem auch Dietrich Bonhoeffers Bruder Klaus und ihr Schwager Rüdiger Schleicher zählten. Sie nutzten ihre einflussreichen Stellungen, um Informationen auszutauschen und sich gegenseitig zu unterstützen. Bereits in seiner Funktion als persönlicher Referent des Justizministers hatte von Dohnanyi Juden gewarnt und ihnen geholfen. Seit 1940 arbeitete er im Amt für Spionage und Gegenspionage im Oberkommando der

Der Kreis der Widerstandskämpfer in der Abwehrabteilung des Kriegsministeriums in Berlin bildete sich um den »Sonderführer« Hans von Dohnanyi, den Admiral Wilhelm Canaris und den Oberst (ab 1943 Generalmajor) Hans Oster.

Wehrmacht. Dort befand sich eines der Zentren des deutschen Widerstandes gegen Hitler. Von Dohnanyi sorgte auch von dort aus für jüdische Bürgerinnen und Bürger, half bei der Emigration und versorgte die Flüchtlinge mit Nahrungsmitteln. Mit seinen Vorgesetzten Admiral Wilhelm Canaris und Hans Oster, anfangs Oberst, dann Generalmajor, sowie dem Generaloberst Ludwig Beck, dem ehemaligen Chef des Generalstabs des Heeres, waren sie sich einig, dass Hitler gestürzt werden muss.

In diesen Kreis trat nun Bonhoeffer ein. Zum einen konnte dadurch seine Zurückstellung vom

Das Kriegsministerium in Berlin am Tirpitz-Ufer

Wehrdienst erreicht werden. Außerdem verfügte Bonhoeffer über wertvolle ökumenische Kontakte, über die man Verbindung zu anderen Regierungen aufnehmen konnte. Und nicht zuletzt brauchten die Verschwörer jemanden, mit dem sie über den großen Gewissenskonflikt reden konnten, in dem sie sich befanden. Treue und Pflichtgehorsam waren preußische Tugenden. Sie waren durch ihren Treueid an Hitler gebunden, ihm waren sie Gehorsam schuldig. Wie konnten sie da planen, ihn zu ermorden? Durften sie als Christen Menschen töten? Dietrich Bonhoeffer war als Pastor für sie auch eine moralische Instanz.

Doch die Pflicht, seinen Dienst zu erfüllen, entlässt nicht aus der Verantwortung, für das Getane oder Unterlassene Rechenschaft abgeben zu müssen – vor sich, vor anderen und nicht zuletzt auch vor Gott. »Der Mann der Pflicht wird schließlich auch noch dem Teufel gegenüber seine Pflicht erfüllen müssen«, schreibt Bonhoeffer. Der wird standhalten, der »alles zu opfern bereit ist, wenn er im Glauben und in alleiniger Bindung an Gott zu gehorsamer und verantwortlicher Tat gerufen ist, der Verantwortliche, dessen Leben nichts sein will als eine Antwort auf Gottes Frage und Ruf«.

Im Blick auf die Widerstandsgruppe konnte Bonhoeffer schreiben: »Die Deutschen fangen erst heute an, zu entdecken, was freie Verantwortung heißt. Sie beruht auf einem Gott, der das freie Glaubenswagnis verantwortlicher Tat fordert und der dem, der darüber zum Sünder wird, Vergebung und Trost zuspricht.«

Es gibt nur eine Wirklichkeit: Jesus Christus

Die Berliner Zentrale der Abwehr wies Bonhoeffer zunächst der Münchner Abteilung zu. Darum hielt er sich von November 1940 bis Februar 1941 im bayerischen Kloster Ettal auf. Dort traf er vor allem Vertreter der römisch-katholischen Kirche, die im Widerstand aktiv waren. Daneben konnte er theologisch arbeiten und nahm an den Mahlzeiten der Mönche im Speisesaal teil. Wie überrascht war er, als dort während des Essens aus seinem Buch »Gemeinsames Leben« vorgelesen wurde.

Das Kloster Ettal in Oberbayern

Die große Bibliothek des Klosters durfte er für seine Arbeit an seinem Werk »Ethik« nutzen, das er jedoch nicht mehr vollenden konnte. Es ist nach seinem Tod aus unzähligen Manuskriptblättern und Zetteln rekonstruiert worden. Teilt die lutherische Ethik die Welt in zwei Bereiche, zwei »Regimente«, wie Luther sagt, wobei sich das Reich Gottes und das der Welt gegenüberstehen, so geht Bonhoeffer von einem »unteilbaren Ganzen der Gotteswirklichkeit« aus. Diese Wirklichkeit hat Gott selbst in der Welt bezeugt: »In Jesus Christus ist die Wirklichkeit Gottes in die Wirklichkeit dieser Welt eingegangen.« Aufgabe des Christen ist es, an dieser Wirklichkeit heute teilzuhaben. »Christus ist für die Welt gestorben, und nur mitten in der Welt ist Christus Christus.« Alle Grenzen und Barrieren zwischen Gott und Welt, zwischen Heiligem und Profanem werden aufgehoben. Das Leben des Christen muss sich in dieser Welt und im Heute bewähren.

Die Pläne des Widerstandskreises bestimmen Bonhoeffers Denken. Er muss jeden Tag nehmen, als könnte er der letzte sein. Weihnachten 1942 schreibt er: »Mag sein, daß der jüngste Tag morgen anbricht, dann wollen wir gern die Arbeit für eine bessere Zukunft aus der Hand legen, vorher aber nicht.«

Die Arbeit für eine bessere Zukunft bedeutet für ihn zunächst Reisen im Dienst der Abwehr. Die erste Fahrt führte ihn im Frühjahr 1941 in die Schweiz. Dort war man zunächst misstrauisch. Einen Pastor als Agenten konnte man sich nicht vorstellen. Der Schweizer Theologieprofessor Karl Barth trat für ihn ein und so kam ein Gespräch mit Willem Visser't Hooft in Genf zustande, dem Generalsekretär des vorläufigen Weltkirchenrates. Beide tauschten ihre Informationen über die Judenverfolgung aus. Der Generalsekretär war bereit, Kontakte zwischen den Widerstandskämpfern und westlichen Kirchenvertretern zu vermitteln. Als Bonhoeffer nach vier Wochen nach Deutschland zurückkehrte, war er mit Schreibverbot belegt.

Im September 1941 ging es wieder in die Schweiz. Nun galt es, die Bedingungen für einen Frieden auf Seiten der Alliierten zu erkunden. Im April 1942 fuhr er nach Norwegen, um dort den Bischof Eivind Berggrav zu ermutigen, der zusammen mit den Pfarrern in einen Streik getreten war. Sie hatten verwirklicht, was er selbst 1933 geplant hatte, aber nicht realisieren konnte. Im Mai kam er im schwedischen Sigtuna mit seinem alten Freund, dem Bischof George Bell, zusammen. Unter vier Augen teilte er ihm die Pläne für den Sturz Hitlers mit und nannte ihm die Namen der Beteiligten. Bell wandte sich danach sofort an den britischen Außenminister. Aber in England war man sehr zurückhaltend. Der Unterstaatssekretär notierte: »Der Bischof von Chichester und seinesgleichen haben nichts gelernt aus zwei deutschen Kriegen und versuchen jetzt geschäftig in aller Unschuld, die Fundamente eines dritten zu legen.«

Alle Bemühungen liefen ins Leere, aus London wie auch aus Washington kam keine Antwort. Selbst eine Anfrage im britischen Oberhaus, die George Bell als Mitglied dort stellte, hatte keinen Erfolg. Er fragte, ob man gewillt sei, zwischen Nazis und Antifaschisten in Deutschland zu unterscheiden. Die Regierung wich ihm aus. Die Hoffnung Bonhoeffers, über seine ökumenischen Kontakte wechselseitig Impulse geben zu können, erfüllte sich nicht.

Jüdische Familie in Berlin 1941. Ab dem 5. September 1941 mussten Juden in Deutschland den gelben Stern tragen.

Als er zwischen den Reisen wieder in Berlin war, erlebte er die ersten großen Judendeportationen. Immer wieder hat die Abwehrabteilung Juden in Sicherheit gebracht. Nun sollte eine Gruppe von sieben Personen in die Schweiz gebracht werden. Die Aktion »Unternehmen 7« plante, in einem Täuschungsmanöver Spione, als Juden getarnt, über die Grenze zu bringen, denn flüchtige Juden würde niemand für Spione halten. Heinrich Himmler, der in seiner Funktion als Reichsführer der SS für die Deportation und Ermordung der Juden zuständig war, zeigte sich von dieser Idee begeistert. Zum Schluss waren es 14 Personen, die von den deutschen Beamten als vermeintliche Agenten über die Grenze gewinkt wurden. Allerdings handelte es sich dabei tatsächlich um Juden, denen auf diese abenteuerliche Weise die Flucht gelang. Doch diese Aktion sollte der Widerstandsgruppe in der Abwehrabteilung zum Verhängnis werden. Unregelmäßigkeiten bei den Devisen brachte die Geheime Staatspolizei auf die Fährte, die sie zuletzt zu der Zentrale der Abwehr führte. Zunächst ließ sich noch alles vertuschen, aber die ersten Namen waren genannt, unter anderem auch der Bonhoeffers.

Das Attentat

In Berlin tauchten die Flugblätter der Weißen Rose auf, einer studentischen Widerstandsgruppe in München. Über einen Verbindungsmann versuchte die Gruppe um die Geschwister Scholl, Kontakt mit den Brüdern Klaus und Dietrich Bonhoeffer aufzunehmen. Allerdings kam es nicht mehr dazu, die Mitglieder der Weißen Rose wurden unmittelbar vor dem geplanten Treffen verhaftet und hingerichtet.

Daneben gab es weitere Widerstandskreise, unter anderem den Kreisauer Kreis, eine Gruppe von christlichen Widerstandskämpfern, die sich auf dem niederschlesischen Gut Kreisau trafen, zu denen Bonhoeffer über Helmuth James von Moltke Kontakt hatte, sowie eine Widerstandsgruppe in der Heeresgruppe Mitte der Wehrmacht in Russland, die sich um den Generalmajor Henning von Tresckow und Oberleutnant Fabian von Schlabrendorff gebildet hatte.

Generalmajor Henning von Tresckow und Oberleutnant Fabian von Schlabrendorff

Allen Widerstandskämpfern war bewusst, dass die Zeit drängte. Nach der Kapitulation der deutschen Armee am 2. Februar 1943 in Stalingrad war die militärische Katastrophe absehbar, es musste nun gehandelt werden.

Am 13. März 1943 sollte Adolf Hitler die Heeresgruppe Mitte in Smolensk besuchen. Im Wagen von Karl Bonhoeffer brachte Eberhard Bethge Hans von Dohnanyi zum Nachtzug von Berlin nach Ostpreußen. Dort wartete ein Flugzeug, das von Dohnanyi mit Admiral Canaris nach Smolensk flog. Was Bethge nicht ahnte, im Gepäck befand sich ein kleines Paket mit einer Bombe. Von Tresckow und von Schlabrendorff schmuggelten dann die Bombe in das Flugzeug Hitlers, jedoch versagte der Zeitzünder. Eine gute Woche später, am 21. März, gab es eine weitere Gelegenheit. Ein anderer Offizier der Heeresgruppe Mitte, Oberst Rudolf von Gersdorf, war bereit, sich mit Hitler beim Rundgang im Berliner Zeughaus in die Luft zu sprengen.

An diesem Tag wurde im Hause Bonhoeffer eine Kantate für den 75. Geburtstag von Karl Bonhoeffer eingeübt, der aus diesem Anlass von Hitler die Goethe-Medaille verliehen bekommen sollte. Dietrich Bonhoeffer saß am Klavier, sein Bruder Klaus spielte Cello, Rüdiger Schleicher die Geige und Hans von Dohnanyi sang im Chor, der kräftig das Lied »Lobe den Herren« anstimmte. Jeden Moment musste der erwartete Anruf kommen, es war alles für den Staatsstreich vorbereitet. Doch Hitler hielt sich keine zehn Minuten im Zeughaus auf, auch dieses Attentat war gescheitert. Ohne einen Zwischenfall ging die Probe zu Ende und noch schien alles unentdeckt. Aber schon längst hatte das Gestapo-Hauptquartier unter Reinhard Heydrich ein argwöhnisches Auge auf die Abwehrabteilung des Heeres geworfen. Sie warteten nur auf eine passende Gelegenheit, diese Einrichtung auszuschalten.

Familienbild beim 75. Geburtstag von Professor Karl Bonhoeffer am 31. März 1943

Die Verlobung mit Maria von Wedemeyer

Die Jahre, die Bonhoeffer in dieser Zeit verlebte, waren unstet. Im Auftrag der Abwehr war er auf Reisen, traf sich in Berlin zu konspirativen Zusammenkünften und war zu einem Kurzbesuch zwischendurch in Klein-Krössin. Dort sah er auch Maria von Wedemeyer wieder. Ihre frische Lebensart und wache Klugheit zogen ihn an. Im Krieg hatte sie ihren Vater verloren, an dem sie sehr hing. In Dietrich Bonhoeffer fand sie einen einfühlsamen Gesprächspartner. Als sie ihre Großmutter im Oktober 1942 nach Berlin zu einer schweren Augenoperation begleitete, sahen sich beide häufiger. Sie waren ein ungleiches Paar, die achtzehnjährige Jugendliche aus einem traditionsreichen Gutshaus in der Neumark und der doppelt so alte Pastor ohne Anstellung, Dozent ohne Lehrerlaubnis, Agent

Maria von Wedemeyer

Gut Pätzig, der Sitz der Familie von Wedemeyer

der Abwehr mit ungewisser Zukunft. Die Mutter, zu der Dietrich Bonhoeffer auf das Gut Pätzig fuhr, erbat sich ein Jahr der Trennung. Zu viel in dieser Zeit. Die beiden Verliebten wechselten Briefe. Sie verlobten sich schriftlich. Dann schickte Maria von Wedemeyer ihren Bruder und ihren Schwager zur Mutter, um sie umzustimmen. Aber es kam nicht mehr zum Gespräch, stattdessen mussten sie ihr die Nachricht überbringen, dass Bonhoeffer verhaftet worden war.

Die Gestapo hatte nicht locker gelassen. Das war zwar auch der Abwehr nicht entgangen, aber noch am 4. April 1943 beruhigte Admiral Canaris Bonhoeffer und von Dohnanyi. Als am Tag darauf Bonhoeffer bei von Dohnanyis anrief, meldete sich dort eine fremde Männerstimme. »Hausdurchsuchung!«, schoss es ihm durch den Kopf. Er ging nach oben in sein Zimmer und ordnete den Schreibtisch. Dann ging er zu Schleichers in das Nachbarhaus, aß bei seiner Schwester und beriet sich mit ihr. Um vier Uhr kam der Vater

Bonhoeffers Eltern zogen im Oktober 1935 in einen Neubau in der Marienburger Allee ein. Im Dachgeschoss hatte auch Dietrich Bonhoeffer ein Zimmer. Seine Schwester Ursula zog mit ihrem Mann Rüdiger Schleicher in das zur gleichen Zeit gebaute Haus nebenan ein.

herüber und sagte: »Zwei Männer möchten dich oben in deinem Zimmer sprechen!« Er hatte sie schon erwartet, sie verhafteten ihn und fuhren mit ihm in das Militärgefängnis Tegel. Am selben Tag wurden auch seine Schwester Christine und ihr Mann Hans von Dohnanyi verhaftet. Da die Abwehr zum Heer gehörte, brachte man Dietrich in das Militärgefängnis nach Tegel, seine Schwester Christine kam ins Gefängnis von Charlottenburg und ihr Mann Hans von Dohnanyi wurde in die Wehrmachtshaftanstalt nach Lehrte gebracht.

7. Kapitel

Gefängnis Tegel

Morgens in der Frühe, wenn sie aufstand, gehörten ihre Gedanken dem Verlobten. »Ich hab einen Kreidestrich um mein Bett gezogen etwa in der Größe Deiner Zelle. Ein Tisch und ein Stuhl steht da, so wie ich es mir vorstelle«, schrieb sie ihm. »Und wenn ich da sitze, glaube ich schon beinah, ich wäre bei Dir. Wäre ich es doch nur erst wirklich.« Maria von Wedemeyer hatte eine böse Vorahnung. Am 5. April 1943

notierte sie in ihr Tagebuch: »Ist etwas Schlimmes geschehen? Ich fürchte, daß etwas Schlimmes geschehen ist.« Erst zwei Wochen später erfuhr sie, dass das genau der Tag war, an dem Dietrich Bonhoeffer verhaftet worden war.

Die ersten zwölf Tage herrschte für Bonhoeffer strenge Isolierhaft. Er erhielt keine frische Wäsche, bekam keine Seife, das Brot wurde verächtlich auf den schmutzigen Fußboden geworfen. Bonhoeffer litt unter dem Alleinsein. Er sehnte sich nach seiner Familie, er sorgte sich um seine Verlobte, er vermisste seine Freunde. Würde er den Verhören standhalten, würde er unter der Folter vielleicht sogar die Namen seiner Freunde verraten? Der Gedanke, sich das Leben zu nehmen, ging ihm durch den Sinn. Er dachte an das, was er in der »Ethik« über die Selbsttötung geschrieben hatte: »Selbstmord ist die letzte und äußerste Selbstrechtfertigung des Menschen als Menschen.« In den Zellen um ihn herum hörte er die Klagen der zum Tode Verurteilten. Er hörte die hastigen Schritte und wusste, was sie bedeuten. In den »Nächtlichen Stimmen« schrieb er:

Mir wird kalt und heiß, ich weiß, o ich weiß! ...
Ich gehe mit dir, Bruder, an jenen Ort
und ich höre dein letztes Wort:
»Bruder, wenn mir die Sonne verblich,
lebe du für mich!«

Aber dann änderte sich seine Situation. Man fand heraus, dass er der Neffe des Generalleutnants Paul von Hase war, dem als Stadtkommandant von Berlin auch das Militärgefängnis von Tegel unterstand. Nun wurde er mit ausgesuchter Höflichkeit behandelt, er bekam eine größere Essensration, seine Gefängniszelle wurde täglich gereinigt und der Hauptmann selbst holte ihn zu den Spaziergängen im Hof ab. Er konnte Briefe schreiben und empfangen, zunächst alle zwölf Tage, dann alle vier Tage, anfangs nur mit den Eltern, später konnte er auch mit seiner Verlobten Briefe wechseln.

Gefängnishof Tegel im Frühjahr 1944. Neben Dietrich Bonhoeffer Professor Gaetano Latmiral (zweiter von links).

Es entwickelte sich zum Teil eine enge Beziehung zu den Mithäftlingen wie auch zu den Wärtern. Manche Männer vom Wachdienst empfanden Sympathie für den freundlichen Pastor, der mittlerweile zum Prominenten des Gefängnisses aufgerückt war. Von zu Hause wurde er mit Proviantpaketen versorgt, er lobte den Kuchen, den seine Verlobte ihm gebacken hatte, und verteilte alles großzügig. Ein Wärter revanchierte sich bei ihm, indem er ihm zu seinem Geburtstag einen Blumenstrauß in die Zelle stellte. Sie suchten seine Nähe, unterhielten sich gerne mit ihm, baten ihn um Rat. So wurde es möglich, dass so mancher Brief hin und her geschmuggelt wurde. Für einige Gefangene vermittelte er den Kontakt zu seinem Vater, damit dieser als angesehener Psychiater günstige Gutachten für sie anfertigen konnte. Für andere besorgte er einen Rechtsanwalt und bat seine Eltern, die Kosten zu übernehmen.

Während eines Spazierganges im Hof fragte ihn ein Mitgefangener, der italienische Professor Gaetano Latmiral, danach, wie er zum Widerstandskämpfer geworden ist. Bonhoeffer antwortete ihm, dass »er als Pastor nicht nur die Pflicht habe, die Opfer des wildgewordenen Mannes zu trösten, der sein Auto in einer bevölkerten Straße wie ein Rasender fahre, sondern daß er auch versuchen müsse, ihn zu stoppen«.

In Bonhoeffers unmittelbarer Umgebung fühlten sich Gefangene wie Wärter geborgen und beschützt.

Die Gebete, die er für die Mithäftlinge schrieb, verteilten die Gefängnisseelsorger. Sein Morgengebet, das er Weihnachten 1943 schrieb, gehört zu den großen Gebeten des christlichen Glaubens:

Gott, zu dir rufe ich am frühen Morgen
hilf mir beten
und meine Gedanken sammeln;
ich kann es nicht allein.
In mir ist es finster,
aber bei dir ist Licht
ich bin einsam, aber du verläßt mich nicht
ich bin kleinmütig, aber bei dir ist die Hilfe
ich bin unruhig, aber bei dir ist Frieden
in mir ist Bitterkeit, aber bei dir ist die Geduld
ich verstehe deine Wege nicht, aber
du weißt den rechten Weg für mich.

Er selbst beginnt den Tag mit dem Lesen der Bibel, und so beschließt er auch jeden Tag. Um sechs Uhr steht er auf, wäscht sich kalt ab und treibt dann Gymnastik. Um etwaige Folterungen bestehen zu können, musste er körperlich fit sein. Nach dem Frühstück befasste er sich mit Theologie, schrieb bis Mittag, las danach andere Literatur und schrieb dann »je nach Verfassung« wieder. Abends war er müde genug, um sich »gern hinzulegen, wenn auch nicht zu schlafen«. Er lernte Paul-Gerhardt-Lieder auswendig und las die

Schriftsteller des 19. Jahrhunderts, die ihm von Kindheit an vertraut waren. Besonderen Gefallen fand er an Adalbert Stifter und war geradezu begeistert, als er dessen Roman »Witiko« in der Gefängnisbücherei entdeckte. »Der Schmerz ist ein heiliger Engel, durch ihn sind Menschen größer geworden als durch alle Freuden der Welt«, heißt es in einem anderen Werk Stifters. Dass man die Menschen nicht nach ihrem Handeln beurteilen sollte, sondern nach dem, wie sie ihr Leiden auf sich nehmen, notierte er in seinen Aufzeichnungen.

Bonhoeffer begann, ein Drama zu schreiben, er fing einen Roman an, alles blieb unvollendet. Die literarische Form, seine Erlebnisse und Eindrücke zu beschreiben und auch zu verarbeiten, war für ihn das Gedicht. Hier konnte er seine Gedanken sammeln und vor Gott bringen. Es sind seine Gebete für sich und für die anderen. »Vom ersten Aufwachen bis zum Einschlafen müssen wir den anderen Menschen ganz und gar Gott befehlen und ihm überlassen und aus unseren Sorgen um den Anderen Gebete für ihn werden lassen.« Latmiral sagte später über ihn: »Er hatte eine so feste Hoffnung, daß Gott durch Christus alles wiederbringen wird, alles vollbringen wird, daß nichts verlorengehen wird.« Dietrich Bonhoeffer warf sich mit all seinen Zweifeln und Hoffnungen in Gottes Arme und vertraute sich dem an, der allein ihn kennt.

Dietrich Bonhoeffer im Gefängnishof (Sommer 1944)

Wer bin ich?
Wer bin ich? Sie sagen mir oft,
ich träte aus meiner Zelle
gelassen und heiter und fest
wie ein Gutsherr aus seinem Schloß.

Wer bin ich?
Sie sagen mir oft,
ich spräche mit meinen Bewachern
frei und freundlich und klar,
als hätte ich zu gebieten.

Wer bin ich?
Sie sagen mir auch,
ich trüge die Tage des Unglücks
gleichmütig, lächelnd und stolz,
wie einer, der Siegen gewohnt ist.

Bin ich das wirklich, was andere von mir sagen?
Oder bin ich nur das, was ich selbst von mir weiß?
unruhig, sehnsüchtig, krank, wie ein Vogel im Käfig,
ringend nach Lebensatem, als würgte mir einer
die Kehle, hungernd nach Farben, nach Blumen,
nach Vogelstimmen, dürstend nach guten Worten,
nach menschlicher Nähe, zitternd vor Zorn über
Willkür und kleinlichste Kränkung, umgetrieben
vom Warten auf große Dinge, ohnmächtig bangend
um Freunde in endloser Ferne, müde und leer zum
Beten, zum Denken, zum Schaffen, matt und
bereit, von allem Abschied zu nehmen?

Wer bin ich? Der oder jener?
Bin ich denn heute dieser und morgen ein andrer?
Bin ich beides zugleich? Vor Menschen ein Heuchler
und vor mir selbst ein verächtlich wehleidiger
Schwächling? Oder gleicht, was in mir noch ist,
dem geschlagenen Heer, das in Unordnung weicht
vor schon gewonnenem Sieg?

Wer bin ich? Einsames Fragen treibt mit mir Spott.
Wer ich auch bin, Du kennst mich,
Dein bin ich, o Gott!

Das lange Warten auf den Prozess

Oberstkriegsgerichtsrat Dr. Manfred Roeder, der die Verhöre führte, war gefürchtet. Erfolgreich hat er den Prozess gegen die so genannte »Rote Kapelle« geführt, ein weit verbreitetes Netz von Widerstandskämpfern, bei dem unter anderem Arvid Harnack, ein Neffe von Bonhoeffers Lehrer Adolf von Harnack, und dessen Frau zum Tode verurteilt wurden. Die Verhöre konzentrierten sich vor allem auf Hans von Dohnanyi, doch der machte es Roeder nicht leicht. Wichtig war, dass die Gefangenen ihre Strategie untereinander abstimmen konnten. Dazu entwickelten sie einen speziellen Code: In den Büchern, die sie sich gegenseitig ausliehen, markierten sie, kaum sichtbar und auf die Seiten verteilt, einzelne Buchstaben. Auf diesem Weg informierten sie sich untereinander, die Verhöre liefen ins Leere. Bonhoeffer mimte den unwissenden und unerfahrenen Pastor, der bereit war, für sein Vaterland seine ökumenischen Kontakte einzusetzen, die Verantwortung trug allein Admiral Canaris. So war es zuvor auch abgesprochen. Im Übrigen war er verwundert, ihn »einer so schweren Verfehlung gegen die selbstverständlichen Pflichten eines Deutschen gegenüber Volk und Reich für fähig zu halten«. Und schloss seine Briefe regelmäßig mit »Heil Hitler«.

Gleichzeitig dachte Bonhoeffer über das Thema »Was heißt die Wahrheit sagen?« nach. Dass die Ethik stets konkret ist, das heißt, dass sie von den gegenwärtigen Bedingungen abhängt, war für ihn auch schon zuvor eine Grundeinsicht. So schrieb er nun: »Unser Wort soll nicht prinzipiell, sondern stets konkret wahrheitsgemäß sein.« Die Wahrheit hat es mit dem Leben zu tun, sie ist so lebendig wie das Leben selbst. Darum hängt die Wahrheit nicht an einem Prinzip, sondern »hat die Bestimmung, in der Einheit mit Gottes Wort das Wirkliche, wie es in Gott ist, auszusagen«.

Am 24. Juni 1943 versuchte Dr. Roeder Bonhoeffer mit anderen Mitteln aus der Reserve zu locken. Er arrangierte ein überraschendes Treffen zwischen Bonhoeffer und seiner Verlobten. Ohne Vorwarnung wurde Maria von Wedemeyer in den Raum gebracht, Bonhoeffer erschrak, verhielt sich anfangs schweigend und begann dann langsam ein normales Gespräch. Die Strategie Roeders, der als geschickter Verhörpsychologe und brutaler Folterer bekannt war, war nicht aufgegangen, aber beide konnten sich zum ersten Mal seit Bonhoeffers Verhaftung sehen, wenn auch noch befangen. Bonhoeffer berührte ihre Hand, mehr an Emotionen konnte er nicht zeigen. Als sich beide aber trennen sollten, riss sich Maria von Wedemeyer los und umarmte ihren Verlobten. Er schaute ihr nach und schrieb:

Du gingst, geliebtes Glück und schwer geliebter
Schmerz, wie nenn' ich dich?
Not, Leben, Seligkeit.

Teil meiner selbst, mein Herz, – Vergangenheit?
Es fiel die Tür ins Schloß, ich höre langsam
Schritte sich entfernen und verhallen.

Was bleibt mir? Freude, Qual, Verlangen?
Ich weiß nur dies: du gingst –
und alles ist vergangen.

Spürst du, wie ich jetzt nach dir greife,
mich an dir festklammere, daß es dir wehtun muß?
Wie ich dir Wunden reiße, daß dein Blut quillt,
nur um deiner Nähe gewiß zu bleiben,
du leibliches, irdisches, volles Leben?

Sie sahen sich noch mehrmals, schrieben einander, tauschten sich aus. Und obwohl so viele Jahre jünger, trat sie dem Verlobten gegenüber sehr selbstbewusst auf. Sie waren ebenbürtig. Bonhoeffer empfand diese Liebe als ein unverdientes Glück, durch sie wurde ihm »ein neues Vertrauen ins Leben gegeben«.

Und wie gerne hätte Maria andererseits ihn als »Miniaturausgabe« in die Tasche gesteckt und mit hinausgenommen. Aber beide lebten von der Hoffnung, dass bald der Prozess beginnen würde und er dann frei käme. Sie dachten auch schon über einen Hochzeitstermin nach, spätestens Ostern 1944 wäre er wieder zu Hause. Allerdings schob die Erkrankung Hans von Dohnanyis den Beginn der Gerichtsverhandlung hinaus. Es blieb nur das Warten, ein langes und quälendes Warten. Sie lebte in dieser Zeit bei seinen Eltern, allerdings bat Bonhoeffer sie, sich in der Zeit um den 20. Juli von Berlin fern zu halten.

Der 20. Juli 1944

Dietrich Bonhoeffer wusste, dass wieder ein Attentat auf Hitler vorbereitet wurde. Er sah die Aufgabe dieser Zeit im Beten und im Tun des Gerechten. Ende Juni 1944 besuchte ihn der Stadtkommandant Paul von Hase. Die Aufregung war groß im Gefängnis. »Es ist maßlos komisch, wie alles flügelschlagend herumläuft und wie sich – bis auf wenige Ausnahmen – alles an Würdelosigkeit überbietet.« Fünf Stunden blieb der Onkel im Gefängnis, vier Flaschen Sekt ließ er holen und sie stießen schon einmal auf die künftige Zeit nach dem Krieg an.

Den Freund Eberhard Bethge erinnerte er in einem Schreiben an die gemeinsame Reise im Sommer 1940. Zusammen hatten sie in Ostpreußen Gemeinden besucht. Das konnte ein Hinweis auf die »Wolfsschanze« sein, die dort lag, das Führerhauptquartier, in dem das Attentat stattfinden sollte. Zu seinem Bruder Klaus hielt Dietrich Bonhoeffer Distanz, er war ebenso wie sein Schwager Rüdiger Schleicher und auch der Onkel Paul von Hase in das erwartete Attentat verwickelt. Bonhoeffer ist zuversichtlich, denn »alles, was ihn so bedrückt, wird bald wieder ganz in Ordnung kommen«. Durch die Ermittlung Dr. Roeders war die Abwehr für die Attentatsvorbereitungen außer Kraft gesetzt, ihre Funktion übernahmen jetzt die Zentrale des Heimatheeres unter General Friedrich Olbricht und der Oberst Claus Schenk von Stauffenberg. Die Zentrale der Vorbereitung für das Attentat war das Allgemeine Heeresamt in der Bendlerstraße, dessen Gebäude oft kurz nur Bendlerblock genannt wurde. Dort liefen alle Fäden zusammen. Am 20. Juli 1944 wurde Graf Stauffenberg zu Hitler in die Wolfsschanze gerufen, um einen Bericht abzugeben. Das war die Gelegenheit, an Hitler heranzukommen. Doch durch unglückliche Umstände verfehlte die Bombe ihre Wirkung. Graf Stauffenberg, nach Berlin zurückgeflogen, war der Auffassung, Hitler sei getötet. Als sich Hitler in einer Rundfunkansprache meldete, war vollends klar, dass das Attentat und der Staatsstreich fehlgeschlagen waren. Graf Stauffenberg und General Olbricht wurden mit anderen noch in der Nacht im Innenhof des Bendlerblockes erschossen. Bonhoeffer schrieb das Gedicht »Stationen auf dem Weg zur Freiheit«.

Generalleutnant Paul von Hase vor dem Volksgerichtshof. Er wurde am 8. August 1944 zum Tode verurteilt und am selben Tag in Plötzensee hingerichtet.

Tat.

Nicht das Beliebige, sondern das Rechte tun und wagen, nicht im Möglichen schweben, das Wirkliche tapfer ergreifen, nicht in der Flucht der Gedanken, allein in der Tat ist die Freiheit. Tritt aus ängstlichem Zögern heraus in den Sturm des Geschehens, nur von Gottes Gebot und deinem Glauben getragen, und die Freiheit wird deinen Geist jauchzend empfangen.

Leiden.

Wunderbare Verwandlung. Die starken, tätigen Hände sind dir gebunden. Ohnmächtig einsam siehst du das Ende deiner Tat. Doch atmest du auf und legst das Rechte still und getrost in stärkere Hand und gibst dich zufrieden. Nur einen Augenblick berührtest du selig die Freiheit, dann übergabst du sie Gott, damit er sie herrlich vollende.

Tod.

Komm nun, höchstes Fest auf dem Wege zur ewigen Freiheit, Tod, leg nieder beschwerliche Ketten und Mauern unsres vergänglichen Leibes und unsrer verblendeten Seele, daß wir endlich erblicken, was hier uns zu sehen mißgönnt ist. Freiheit, dich suchten wir lange in Zucht und in Tat und in Leiden. Sterbend erkennen wir nun im Angesicht Gottes dich selbst.

Mahnmal im Innenhof des Bendlerblocks in Berlin zur Erinnerung an die Widerstandskämpfer vom 20. Juli 1944, die hier noch am selben Abend erschossen wurden.

Der Ruf zum Leben

Im Gefängnis von Tegel hat Bonhoeffer, wie er selbst über diese Zeit schreibt, »einen ganz großen neuen Lebensbereich in sich aufgenommen«. Er begegnete Menschen, die kaum etwas vom christlichen Glauben erfahren hatten und deren Hilfsbereitschaft ihn beeindruckte. »Wir gehen religionslosen Zeiten entgegen«, vermutete er erstaunlich weitsichtig. Aber wie kann Jesus Christus dann Herr der Religionslosen werden, wie hat die Kirche der Zukunft auszusehen? Die Welt war mündig geworden, sie braucht keinen Gott, der eine Lückenbüßerfunktion hat. »Ich möchte von Gott nicht an den Grenzen, sondern in der Mitte, nicht in den Schwächen, sondern in der Kraft, nicht also bei Tod und Schuld, sondern im Leben und im Guten des Menschen sprechen«, schrieb er. »Jesus ruft nicht zu einer neuen Religion, sondern zum Leben.«

Aber wenn wir leben müssen, als gäbe es keinen Gott, wo kann und wird er uns dann begegnen? »Vor und mit Gott leben wir ohne Gott. Gott läßt sich aus der Welt herausdrängen ans Kreuz, Gott ist ohnmächtig und schwach in der Welt und gerade nur so ist er bei uns und hilft uns.« Christsein bedeutet dann, das Leiden Gottes in der Welt mitzuleiden. »Gott ist mitten im Leben jenseitig. Der Gott, der bei uns ist, ist der Gott, der uns verläßt.« Bonhoeffer warf sich ganz in die Arme Gottes und vertraute sich ihm an. Glauben lernen wollte er, hatte er einst zu Jean Lasserre in New York gesagt. In seiner Zeit in Finkenwalde versuchte er, glauben zu lernen, indem er ein heiliges Leben führte. »Später erfuhr ich und erfahre es bis zur Stunde, daß man erst in der vollen Diesseitigkeit des Lebens glauben lernt.«

Wenige Tage, nachdem Bonhoeffer diese Gedanken über die Gegenwart Gottes im Leiden in dieser Welt aufgeschrieben hatte, fand das Attentat vom 20. Juli 1944 statt. Er wusste, wie gefährlich die Situation war. Dank der Mithilfe eines Wärters wurde Bonhoeffers Flucht aus dem Gefängnis vorbereitet. Als dann aber sein Bruder Klaus und auch sein Schwager Rüdiger Schleicher sowie sein Freund Eberhard Bethge verhaftet wurden, wollte er sie und die Familie nicht gefährden. Er wartete ab.

Klaus Bonhoeffer
Rüdiger Schleicher

In einer Außenstelle der Abwehr in Zossen lagen in einem Panzerschrank wichtige Unterlagen der Widerstandsgruppe, unter anderem auch die Kartei, die Hans von Dohnanyi angelegt hatte. Von Dohnanyi wollte, dass die Dokumente vernichtet werden. Generaloberst Beck hielt sie für historisch zu wichtig, um sie zu zerstören. »Ich pfeife auf die Historie«, ließ Dohnanyi über seine Frau ausrichten, »sag ihnen: das kostet unsere Köpfe.«

Am 5. Oktober 1944 warf der Gestapohauptkommissar Dr. Walter Huppenkothen die Akte aus Zossen Hans von Dohnanyi, der mittlerweile im Konzentrationslager Sachsenhausen inhaftiert war, aufs Bett. Er konnte sich nur mit Mühe beherrschen. Seiner Frau ließ er übermitteln: »Sie haben alles, aber auch alles gegen mich in der Hand.« Aber nicht nur gegen ihn, sondern auch gegen Oster, Canaris und Bonhoeffer. Am 8. Oktober 1944 wurde Dietrich Bonhoeffer aus dem Gefängnis Tegel in das gefürchtete Gestapohauptquartier in der Prinz-Albrecht-Straße gebracht. »Hier ist die Hölle«, sagte ihm Canaris, als sie sich begegneten. Im Kellergefängnis konnte er noch mit Hans von Dohnanyi sprechen, der für die Verhöre hierhin gebracht wurde, und mit Fabian von Schlabrendorff. Mit strahlenden Augen erzählte er ihm von den Briefen seiner Braut und seiner Eltern. Als die Bomben der Alliierten, die Berlin angriffen, das Gestapogebäude erschütterten, blieb Bonhoeffer ganz ruhig. Er steckte von Schlabrendorff – und wohl auch anderen – Worte des Trostes und der Zuversicht aus der Bibel zu. »Jene verlassen sich auf Wagen und Rosse; wir aber denken an den Namen des Herrn, unseres Gottes« (Psalm 20,8), hieß es in der Losung zum 20. Juli. Dem Freund schrieb er: »Gott führe uns freundlich durch diese Zeiten; aber vor allem führe er uns zu sich.«

Das Reichssicherheitshauptamt, der Sitz der Geheimen Staatspolizei in der Prinz-Albrecht-Straße in Berlin

8. Kapitel

Es ist das Ende, aber auch der Anfang

Die nächsten Wochen waren voller Unruhe und Ungewissheit. Am 7. Februar 1945 wurde Dietrich Bonhoeffer in das Konzentrationslager Buchenwald gebracht. Man sperrte ihn in eine feuchte und kalte Kellerzelle, die er sich mit General Dr. von Rabenau teilte, der an der Verschwörung von Anfang an beteiligt war. Nach seinem Abschied vom Heeresdienst hatte dieser noch Theologie in Berlin studiert, den Doktor gemacht und beschäftigte sich weiter mit religiösen Fragen. Er diskutierte mit Bonhoeffer über Glaubensfragen und schrieb an seinen Erinnerungen. Daneben lernte Bonhoeffer den englischen Offizier Payne Best kennen und den russischen Flieger Wassiliew Kokorin, einen Neffen des Außenministers Molotow. Mit Payne sprach er viel Englisch und von Kokorin ließ er sich in Russisch unterrichten. Dafür vermittelte er dem Atheisten Kokorin einige Grundbegriffe des Christentums. Am 1. April, es war Ostern, waren im Lager amerikanische Geschütze zu hören. Die alliierten Truppen waren in unmittelbarer Nähe. Aber die Hoffnung auf Befreiung hielt nur einen Moment an, die Gefangenen wurden von einem LKW abgeholt. Es ging nach Süden, sie fürchteten, dass sie in das berüchtigte Lager Flossenbürg gebracht würden.

Unterwegs wurden dann tatsächlich zwei Gefangene nach Flossenbürg geführt, ein dritter schloss sich ihnen überraschend an. Die anderen atmeten auf, auch Dietrich Bonhoeffer. Die Stimmung wurde gelöster und auch die Wachen freundlicher. Bei einer Mittagsbesprechung am 5. April 1945 traf Hitler die Entscheidung, dass die »Zossen-Gruppe« nicht überleben sollte. Gestapokommissar Dr. Huppenkothen fuhr tags darauf zum Standgericht in das Konzent-

 Das Konzentrationslager Buchenwald bei Weimar

rationslager Sachsenhausen, wo Hans von Dohnanyi inhaftiert war. Am 8. April wurden dann Admiral Canaris und Generalmajor Oster zum Tode verurteilt. Wo aber war Dietrich Bonhoeffer zu dieser Zeit?

Die Lenkung des Lastwagens, der die Gefangenen transportierte, war gebrochen. Es ging nun, erheblich bequemer, mit einem Omnibus weiter. In der Schule von Schönberg wurden sie untergebracht. Sie atmeten auf, nun bestand keine Gefahr mehr. Am Sonntag nach Ostern wurde Bonhoeffer gebeten, eine Andacht zu halten. Er war sich nicht sicher, aber als auch Kokorin ihn bat, sprach Bonhoeffer über den Losungstext »Durch seine Wunden sind wir geheilt« (Jesaja 53,5) und den zugeordneten neutestamentlichen Vers »Gelobt sei Gott, der Vater unseres Herrn Jesus Christus, der uns nach seiner großen Barmherzigkeit wiedergeboren hat zu einer lebendigen Hoffnung durch die Auferstehung Jesu Christi von den Toten« (1. Petrus 1,3). Er sprach von der Zeit der Gefangenschaft und davon, dass sie nun freie Menschen seien. Bevor er auch in einem anderen Klassenzimmer die Andacht halten konnte, kamen zwei Männer in Zivil in den Raum und sagten: »Gefangener Bonhoeffer, fertigmachen und mitkommen.« Er verabschiedete sich und bat Payne Best, dem Bischof George Bell auszurichten: »Dies ist für mich das Ende, aber auch der Anfang. Mit ihm glaube ich an die universale christliche Bruderschaft …« Dann wurde Bonhoeffer nach Flossenbürg gebracht.

Das Konzentrationslager Flossenbürg in Bayern

Als Maria von Wedemeyer erfuhr, dass ihr Verlobter nicht mehr in Berlin war, machte sie sich auf den Weg, ihn zu suchen, aber sie wurde überall abgewiesen, auch in Flossenbürg. Dort aber wurde Dietrich Bonhoeffer am Montag, dem 9. April 1945, in den frühen Morgenstunden zusammen mit Admiral Canaris, Generalmajor Oster und anderen erhängt. Sein Leichnam wurde mit denen tausend anderer verbrannt und vergraben. Payne Best schrieb über Bonhoeffer: »Unter den vielen Menschen, die ich kenne, war er einer der ganz wenigen, dem sein Gott wirklich immer nahe war.« Zum Jahreswechsel 1944/1945, seinem Todesjahr, schrieb Dietrich Bonhoeffer:

Von guten Mächten treu und still umgeben,
behütet und getröstet wunderbar, –
so will ich diesen Tag mit euch leben
und mit euch gehen in ein neues Jahr;

noch will das alte unsre Herzen quälen
noch drückt uns böser Tage schwere Last.
Ach Herr, gib unsern aufgeschreckten Seelen
das Heil, für das Du uns geschaffen hast.

Und reichst Du uns den schweren Kelch, den bittern,
des Leids, gefüllt bis an den höchsten Rand,
so nehmen wir ihn dankbar ohne Zittern
aus Deiner guten und geliebten Hand.

Doch willst Du uns noch einmal Freude schenken
an dieser Welt und ihrer Sonne Glanz,
dann woll'n wir des Vergangenen gedenken,
und dann gehört Dir unser Leben ganz.

Laß warm und hell die Kerzen heute flammen,
die Du in unsre Dunkelheit gebracht,
führ, wenn es sein kann, wieder uns zusammen!
Wir wissen es, Dein Licht scheint in der Nacht.

Wenn sich die Stille nun tief um uns breitet,
so laß uns hören jenen vollen Klang
der Welt, die unsichtbar sich um uns weitet,
all Deiner Kinder hohen Lobgesang.

Von guten Mächten wunderbar geborgen,
erwarten wir getrost, was kommen mag.
Gott ist bei uns am Abend und am Morgen,
und ganz gewiß an jedem neuen Tag.

Zum Weiterlesen

Eberhard Bethge, Dietrich Bonhoeffer. Theologe – Christ – Zeitgenosse. Eine Biografie. Gütersloher Verlagshaus, Gütersloh, 9. Auflage 2005.

Charles Marsh, Dietrich Bonhoeffer. Der verklärte Fremde. Gütersloher Verlagshaus, Gütersloh, Sonderausgabe 2020.

Renate Wind, Dem Rad in die Speichen fallen. Die Lebensgeschichte des Dietrich Bonhoeffer. Gütersloher Verlagshaus, Gütersloh, 9. Auflage 2016.

Jutta Koslowski, Aus dem Leben der Familie Bonhoeffer. Die Aufzeichnungen von Dietrich Bonhoeffers jüngster Schwester Susanne Dreß. Gütersloher Verlagshaus, Gütersloh, 2018.

Dietrich Bonhoeffer Werke – Sonderausgabe, hg. von Eberhard Bethge, Ernst Feil, Christian Gremmels, Wolfgang Huber, Hans Pfeifer, Albrecht Schönherr, H. Eduard Tödt, Ilse Tödt. Gütersloher Verlagshaus, Gütersloh, 2015.

Dietrich Bonhoeffer Werkausgabe. Die historisch-kritische Ausgabe der Werke Dietrich Bonhoeffers umfasst 16 Bände und einen Registerband. Gütersloher Verlagshaus, Gütersloh, 1986ff.

Dietrich Bonhoeffer, Widerstand und Ergebung. Briefe und Aufzeichnungen aus der Haft. Mit einem Nachwort von Christian Gremmels, herausgegeben von Eberhard Bethge. Gütersloher Verlagshaus, Gütersloh, 23. Auflage 2019.

Quellennachweis

Die Texte auf den Seiten 79f., 98, 101 (Morgengebet), 104f. (Gedicht »Wer bin ich?«), 112 (Auszug aus dem Gedicht »Stationen auf dem Weg zur Freiheit«) und 121 (»Von guten Mächten«) stammen aus: Dietrich Bonhoeffer, Widerstand und Ergebung. Briefe und Aufzeichnungen aus der Haft, herausgegeben von Eberhard Bethge, © by Gütersloher Verlagshaus, Gütersloh 2019, 23. Auflage, in der Verlagsgruppe Random House GmbH, München.

Der Text auf Seite 107 ist der Anfang des Gedichts »Vergangenheit«, entnommen aus: Brautbriefe Zelle 92, Dietrich Bonhoeffer – Maria von Wedemeyer, 1943-1945, herausgegeben von Ruth-Alice von Bismarck und Ulrich Kabitz, 4., durchgesehene Auflage 2004 © Verlag C. H. Beck oHG, München 1992.

Die Bilder stammen aus: Dietrich Bonhoeffer – Bilder aus seinem Leben, herausgegeben von Eberhard Bethge, Renate Bethge, Christian Gremmels, Chr. Kaiser Verlag, München, 2. Auflage 1989.

Bilder S. 111 und 118: © Werner Milstein, Brilon

Bibliografische Information der Deutschen Nationalbibliothek
Die Deutsche Nationalbibliothek verzeichnet diese Publikation in der Deutschen Nationalbibliografie; detaillierte bibliografische Daten sind im Internet über https://portal.dnb.de abrufbar.

1. Auflage

Durchgesehene Nachauflage

Umschlagmotiv: Hintergrund: pixabay.com;
Dietrich Bonhoeffer als Student 1923
Druck und Bindung: CPI books GmbH, Leck
Printed in Germany
ISBN 978-3-579-06610-3

www.gtvh.de